# 轉動教學之輪

## 2023中央大學
## 傑出與優良教師群像

國立中央大學・出版
中大出版中心・編印

周景揚 國立中央大學校長

　　我一直深思，大學現階段的教育目的為何？要怎樣讓我們教出來的學生，在這變動快速的世界，發揮他們的專業與各種實力，以創造他們的未來？各專業知識的教學傳授予他們紮實的根基，而多元的素養與軟實力則旨在培育他們成為優質的人才。而這些，都有賴我們各領域優秀教師不斷地創新這世代妥適的教學方法。

　　無論在哪一個世代，都有它們的需求與不足之處。亞里斯多德說：「所有的技巧與教育就在彌補天生的不足。」而《禮記·學記》也說：「教也者，長善而救其失也」。了解這時代人才的需求，正是我們給這不斷更新的世代所需要的教育。如所周知，時代的脈動常深深影響教育的方式，從基礎教育、專業領域到跨領域，從專業知識到素養教育，我們跨越了各世代，也跨越了各領域，更結合了這些領域、素養的知識，我們的教學也得不斷求新求變，讓各種基礎知識透過不同的教學方法、教學媒體或工具的運用，轉化成不同的教學成果。在這過程中，我們看到了教師們的自我成長，也看到了學生的學習成就，這就是教育的轉動過程。

　　本年度教務處教學傑出暨優良獎教師的評選，再次甄選出二十

位各專業領域的優秀教師，除了採訪獲獎教師的教學理念與實踐
心法，更邀請詹明峰老師與施如齡老師為教育者與教學這項工作做
引言，最後彙集成《轉動教學之輪》，出版專書。這些採訪專文與
引言，無論是從「講授與思辨課程」、「合作與討論課程」、「實
作或實驗課程」等不同類別的教學成果，讓我們看到了教學的多
元方法，也看到了教育的目的，那就是要教育出具思辨能力、實
踐能力、情緒管理、團隊合作、社會關懷以及品德道德高尚的人
才，而這些正是新世代需要培養的多元素養，這才是大學教育的真
正目標。

　　教務處每年將獲獎教師的教學成果編撰成書，從《我就是這樣
教學的》（2017）、《真心對待每一位學生》（2018）、《為他們
點亮一盞燈》（2019）、《開開心心上每一堂課》（2020）、《讓學
生成為課堂的主角》（2021）、《教之有方》（2022），到今年
的《轉動教學之輪》，整體展現我們的教育一直在與時代互動，我
們的教師必須努力與時俱進，這也是我們教育者要傳承給年輕學子
的學習態度與精神。學習永無止境，願我們共同努力，感謝本校每
位教師，恭喜獲獎的教師，讓我們持續為中大教學的進步而努力。

# | 序二 |

王文俊 國立中央大學教務長

　　身為身兼教務長行政工作的大學教授，深感在快速變動的今日世界中，大學教學須因時制宜地調整教學的內容與方法，才能因應社會人才需求。因此，我們除了專注個別專業領域基礎教學外，更須強化跨領域學習的課程規劃。教授們也不能只關注自己專業研究，更應該跨越不同學科去學習其他領域的知識。

　　如果知識的結構就像個齒輪，每一個專業領域就像一個獨特的齒輪，我們的知識世界就像是由無數個不同顏色、形狀與大小的齒輪組織而成，而齒輪彼此緊扣、彼此相連，當齒輪轉動，所有齒輪彼此牽連轉動，這就像我們世界的運作，所有的人事物都是彼此相連、息息相關的。因此，我們的世界就是這樣不停的轉動著。教學，也就在這樣的時代運轉中不停跟著變化，這就是我們的教育宗旨。不變的是我們對教育理念的堅持。

　　111年教學傑出暨優良獎依例選拔出二十位本校優秀的傑出與優良教師，延續去年我們著重於教師教學法的特色展現外，本年度持續將這些傑出與優良教師的教學法特色進行採訪。透過各個得獎教師分享，我們看到了教師們對於專業領域深化教學的用心，並致力於活化多元教學內容，培養學生在不同學科中的素養。這些教學法其實在各個專業領域裡可以依課程適當調整運用，相信在任何領域學門均有參考價值。

我們將這些教學法依其性質暫且分為「講授與思辨課程」、「合作與討論課程」及「實作或實驗課程」三個類別，每個類別中都可以看出教學法在不同學科中被運用的效果。例如；「講授與思辨課程」中，講述法如何將文學經典改編為不同文體，或是運用在RPG遊戲及桌遊操作中；科學也需要表述，無論是教師或是學生，我們看到太空科學如何透過講述與週報來暢談與理解科學。「合作與討論課程」中，可以看到不同領域教師融合不同的教學法運用在他們的專業課程中，引領同學討論、合作完成專項作業和在競賽中學習他人的成功與失敗，學習如何自主學習成長與自律。「實作或實驗課程」中，除了基本的講述課程外，教師們因應課程透過不同的操作實驗、教具，輔助學生們對學科領域學習，強化了理論與實作的鏈接性，讓學語言如同在遊戲中學習，讓自然科學、地質科學、土木科學、網路科學和太空科學的課程都活現在現實的場域中學習。

　　教育如同施如齡老師與詹明峰老師所言，需要有想當老師的初心（心法），也要有想當好老師的方法(技法)，有心法要有技法，有理念也要有實踐，這就是正在轉動中的教育。非常感謝中大的老師們持續盡心於教學的熱情，讓中大的學生能開心地沉浸在各學科中，廣博他們的知識，教會他們在有限的大學生活中能創造他們無限的未來，走向人生高峰。僅以本書再次對教師們致上無盡的感謝，因為各位的努力，使學生的未來更加璀璨。

# 信仰思考、相信潛能
## 成為教育者之前

施如齡　國立中央大學網路學習科技研究所教授
詹明峰　國立中央大學學習與教學研究所副教授

## 一、使命：成為好老師

> 蘇格拉底說：我無法教任何人任何東西，我只能讓人們思考。
>
> "I cannot teach anybody anything. I can only make them think"
>
> —— Socrates

　　學習是人類的本能，而教育是促進學習發生的方法；學習讓人類可以發展與適應文明，教育方法也應隨文明的演進而不斷地創新與進化。站在奇點到來的世代，我們見證著科學的急速發展，它不僅僅改變了我們的生活方式，還深刻地影響著我們的價值觀和世界觀。未來的世界難以想像，但我們可以設計教育的未來，唯有讓教育思考不斷進化，透過遠見，才能讓我們的孩子們面對難以想像的未來世界。

　　社會文明因超越大腦能力的工具不斷出現而快速改革的數位時代，也是我們反省與重新設計「教育」與「學習」的時刻。枯燥的知識餵養出的學生無法戰勝比人類大腦運算能力強過數百萬倍的電腦。以「知識灌輸」為信念的教育方法不適合AI年代的教育系統，我們必須用更加開放和靈活的方式，培養能夠在AI年代興盛繁榮的人才。教師必須培養透視未來的能力，才能更精確掌握人才培養的方向與方式。

傳統教學往往以教師為中心，注重知識的灌輸，現在，則更需重視知識的生產與批判能力，以學習者為中心，強調學生的主動參與和學習的個性化。學生不再是工廠模式，用一套樣板所產出的統一產品；而是能夠活出自己、具備個殊性、能夠在未知中生存的個體。

過去的學習強調的知識習得，學的是沒有問題意識的「專家知識」，所以學習者就算能理解學來的知識，也往往派不上「用」場。為了讓「學以致用」，教學者必須協助學生還原「專家知識」背後的「問題意識」，當學習者能從問題出發，動手與動心實作，經歷探究與問題解決的過程，不僅更能深刻掌握「專家知識」，也能和專家一樣，掌握知識生產的方法。如朱慶琪老師所說，與其從課本把書教完，不如從感官體驗，把學生教得深刻。這種深刻，不僅是知識內容、認知功能，還有動手操作與實戰能力。

許多人以為，教學技巧是教學創新的核心，只要掌握了好的講述法、了解如何帶小組討論、熟悉如何引導學生操作實習，就能成為好老師。沒有錯，以上都是好老師必備的能力。但這樣就夠了嗎？我總認為，老師與好老師的區別，不應只存在於教學方法與技巧的掌握能力，更重要的是教學的信念。好老師教學時更應覺察自己同時也在「教人」，以引導學生成為理想的自我為志業來傳道、授業與解惑。也是那

樣的精神，足以成為楷模，得以讓學生效做，然後願意也成為一個更好的人。把教人與教學放在一起並不容易，因為這樣的信念來自於教師對於自己身為教師的想像，也是教師的價值觀。而價值觀是教學的起點與終點，學習理論、教學方法、班級經營、活動設計、課程節奏掌握、群體互動方式，都是架構起點與終點的方法。

教學的信念與價值觀是「心法」，教學方法與策略是「技法」；心法為基底、技法為手段，相輔相成，才能內外兼備。這篇文章，就針對這兩部分，老師的教學態度（心法）以及教學方法（技法）來討論。

我們的初心，是當個老師；

我們的使命，是當個好老師。

計畫這趟旅程的初心是成為一名老師，隨著旅途而來的使命感讓我們一起想像與實踐成為好老師的方法。

## 1. 傳播：教學的要素

我在老師們的教學文稿中，發現許多令人動容的標題；其中一種類型是闡述立場、觀點與信念，勉勵自己與他人如何成為好老師。例如：「將心放下，理解學生差異」、「換位思考，做個有溫度的人」、「網路資訊世界的擺渡人」、「成為學生的超人」；另一種類型是關於如何教導學生。例如：「在不知不覺中沉浸於科學世界」、「如何學習──通往未來的萬能鑰匙」、「教育的背包客，學習經驗的設計師」；最後一種類型是針對學生的鼓舞性話語，是理念，也是勉勵。例如：「攀一座知識高峰」、「以有限創造無限」、「紮穩基礎功，接軌產業界」。

僅從這些標題，我初步看到三個教學的關鍵要項：教學者、教學法、學習者。從傳播學的角度看，這分別對應著傳播者、媒介、與受

眾。而從心理學的角度來看，則涵蓋了精神（心智狀態）、操作（行動方式）與目標（學習結果）。

　　大學教師大多是各種專業導向，並未受教育學或教學法的訓練，因此，如何將專業知識傳遞給學子，是個重要的功課。換句話說，一位AI機器人專業的大學教師，自己很懂，但要如何讓學生也懂，就是傳播學。傳播者，就是老師本身；傳播信息的正確性、傳播方式的適切性，與傳播管道的清晰性都是有效傳遞信息的關鍵要素。老師的教學風格與語調，首先決定了該門課程的氛圍；包括是否具備吸引力使學生產生興趣、是否能成功引發互動與反饋、是否能運用語言與社交關係有效將信息傳遞出去。而受眾的開放心態、專注集中、主動參與、批判反思、互動回饋、理解應用等表現，也都與信息傳播者的傳遞方法息息相關。而傳播媒介，除了各種傳統教學工具與科技媒體，還有應用的方式。以下針對教學應用方法進一步說明。

　　這個歷程，如果用心理學的角度看，也就是學習態度、認知學習、技能訓練等認知、情意、技能三大面向。教學者的精神與心理狀態的預備，選擇適合的操作與行動方式，加上清楚定義的學習目標與結果，就能構成完整的教與學的歷程。

　　今日的科技媒體種類與形式多元，千變萬化。教學上，則能活用這些可能性，以促進學生之學習內在的啟發與外在的行動。在讓學生能夠在面對未知的未來時，能夠激發潛能，靈活應用所學的知識與技能。

## 2. 變化：教學法與案例

　　除了教學心法，教學技法也有同等重要地位。就好像武功秘笈裡，會先談精神傳承與精髓掌握，然後才談招式與戰術。這兩者緊緊相連，

習武者須有高度的精神訓練、連結傳統文化與教導、體現價值觀，才能成為武俠。教學者亦然，需經過許多的思考與實戰，才能透徹。

一般認為，教學可大致分為課堂講述、實作實驗，以及和場域銜接等型態。但教學實則與科目本質有關，但卻不會因為本位性質的屬性而侷限了教學的型態。

例如：文學課普遍偏重課堂講述，強調對於文學的文化意境與語言的使用進行賞析。但有些老師會將文學帶入改編、轉換、各種形式創作等樣態，因此從課堂講述進入了實作實驗的樣態。而更有老師會將文學融入於社會場域的應用，與周遭環境或社區創生或產業設計進行鏈結，文學變成應用性的學科，進入了另一種型態。又或者，從與博物館的連結，啟動文學文物典藏的領域，又會回到實作實驗的型態。

又例如：工學課普遍偏重實作實驗，強調器具設備的操作與開發。但如果老師強化其相關理論的講解，說明科學基礎概念與運作道理，則會從實作實驗走向課堂講述；又或是透過與產業的鏈結，引導學生進行任務執行與問題解決，則走向了場域銜接。

這樣從學科本質出發的各種變化都是有可能的。這樣的教學，會帶我們回到文藝復興時代的跨域表現上，像達文西、米開朗基羅，甚至是牛頓那樣，是科學家、是生物學家、是藝術家，是跨域設計師，是整合大師，是對於世界感到好奇而驅動理解與創造的人。

知識傳遞的方式與管道，有下列多種。從這些基本型態出發，可以有許多變化。每種都有許許多多學術理論的概念闡述與操作指南，建議延伸參考。

## ・講授

　　以學生為中心的教學，不代表要摒棄講授，不再「教導」。現在都認為，教學就是要活潑才是最好；但事實上，講授是教學中最基礎、最重要的一環。透過語言，順著清楚的思路，精簡有力地傳達重要概念，才能有效溝通，引人入勝。經常，在對的時間點、適當的課程段落，心裡有話要說，就精氣神一貫地透過眼神及語調，強而有力、溫和又堅定地傳達出去。這時，就會看到學生的眼會發出亮光，內心澎湃的樣子好似身體裡的波濤都湧出來一樣。這是一種教學的氛圍與時刻，會連自己都感動，也就會知道這教學到位了、深刻了、產生影響力了。

## ・思辨

　　講授目的不在填塞知識，而在引起反思。因此，每個講授過程必時時提出疑問，而每個疑問不在於對學生「提問」，而是透過提問，引導思考（參蘇格拉底詰問法）。這些提問，最好是沒有正確答案的問題。學生可以依據不同的立場、處境、考量說出自己的答案，這過程也就是思辨的歷程（參批判思考）。同時，也因為沒有正確答案，這些相異的答案就容易進入討論。在分享過程中，學生能夠聆聽他人想法，培養多元觀點與角度。

## ・討論

　　進入討論，就有各種討論的形式與方法。依人數，二至五人一組最為合適，三、四人最常見，人少思路容易卡點，人多容易陷入弱勢沉默。依學生背景或特性，衡量課程需求可以同質或異質分組，各有優缺；同質分組容易提升討論深度，異質分組容易讓不同專長學生互補。

討論形式可以有許多變化；直接分組或二次分組（參拼圖法、二代拼圖法、小組成就區分法），各有不同功能。分組時，可以自由討論、以學習單引導討論、車輪式疊加回饋書寫、便利貼討論、觀摩討論等等，甚至設計討論活動，用各種引導法進行，圖像激盪引導、遊戲競賽引導、團隊發展引導，變化可以隨心所欲。

　　・合作

　　合作學習也隱含著許多不同的形式與目的（參小組協力教學法、協同合作法、共同學習法）。英文的cooperation，指的是合作，有分工的意涵；換句話說，學生在小組中各取一個專長部分，互助互補，一起完成任務。而英文的collaboration，指的是協作，有共同的意涵；換句話說，小組任務並不分工，在每個過程都是共同討論、共同動手、共同完成的。

　　而合作不一定是各小組各作各的，組間組內還能夠創造競爭氛圍，最好的是，加上情境與角色扮演，在故事中學生會自然而然的進入合作與競爭的狀態，而沒有實際課堂競爭的壓力。情境中的競爭，比較單純，也無須老師要求，競爭結果也只會停留於情境中，能夠避免真實世界的情感關係。

　　有了競合氛圍，因著人類的本性，會自然的啟動在社會型態中的求生狀態；因此，人際之間的各種互動，包括聯盟、示好、欺騙、衝突，就會自動產生；課堂活動因此產生本質性的變化。

　　合作之後經常搭配發表或展示。形式上除了輪流上台報告之外，還可以類似擺攤展示，各組友人輪流顧攤，讓其他成員去觀摩他組成果。此時，建議製作同儕回饋表，可以觀摩者針對個別成果進行評分或回

饋，也可以在擺攤展示時，各組放一張回饋大紙，讓同儕在上面直接留言以及貼貼紙替代評分。

　　無論操作哪一種形式的合作活動，老師的講評很重要，下課前給予全體回饋，指出共同的優缺。回饋時盡量正向表述，遇到缺點，就說該面向是可以加強、值得期待的；避免指謫、批評、謾罵，而是鼓勵、建議、期待。

### ・實作／實驗

　　實作課程也有兩種模式，跟隨操作型與自由操作型（參專題導向學習法或問題導向學習法）。工程類較常使用也較適合跟隨操作，通常學的是操作器械的技能，有固定的操作流程，學習的是運作原理與動手熟練度。科學實驗類通常也是跟隨操作，用於練習實驗流程並獲得結果；但也鼓勵學生進行自由操作，以學習控制變項進行實驗。設計類或社會類的實作，則偏向自由操作型，大多於概念創新之專題。

### ・田調

　　田調可視為實作型課程活動的一種，著重於學生親身參與實地研究和數據收集，鼓勵探究、發現、設計、創作等（參田野調查法、探究學習法、發現學習法）。通常在學習概念與設定目的之後，學生就會進入田野進行踏查與社會實踐，運用問卷調查、訪談、觀察和數據記錄等方法，進行採樣與解釋。田調時，通常鼓勵小組合作，使觀察面向更豐富與全面。老師須於過程中提供指導與監督，適時提供協助，解決遇到的問題。

　　科學型的田調較強調數據探測與紀錄，以及事後的分析，目的在

於理解自然環境的既有與未知（參實驗法）。人社型的田調則強調觀察與發現，目的在於理解人類社會文化等現象。兩者也經常強調參與及行動，鼓勵學生於調查發現後產出行動方案（參行動學習法、社會調查法）。

## ・混成

混成，應該有兩層意思。一層，是一般教育界所指的線上與實體的混成教學；另一層，也就是此處所指的，是在教學法上的混合。一位好老師，當視教學所需、學生所向，靈活運用、交叉使用各種教學模式與方法。然而，並不是在一個小時的課堂上使用很多方法就是好。我們不為了科技而科技，自然也不為混合而混合；凡事視需求與情況所需來使用。

一般而言，一個課堂會有個基礎的結構；從引起動機、說明主題、活動體驗或討論思辯、反思結語，到回家功課。每一個環節都可以經過變化進行操作，交叉運用多元的教學方法或是科技媒體的運用。

## 二、轉動：中央教學者的領動

杜威說：教育不是為了生活的準備；教育就是生活本身。
"Education is not preparation for life; education is life itself."

—— Dewey

中央大學每位老師對於教育和教學都有獨特觀點和方法。他們的教學主題都反映了他們獨特的教育理念和方法，並希望通過不同的方式啟

發學生，幫助他們成為更好的學習者和更有價值的人。綜整來說，這些老師的教學具有以下幾個特點：

**學生導向**：多數老師強調理解學生的需求，並將學生的個別差異納入教學設計。這意味著他們關心學生的學習體驗，並致力於提供個別指導和支持。例如，師培中心暨學習所的辜玉旻老師關心學生的心靈共鳴，通過同理心建立互動，激發學生的內在學習動機。她強調理解學生的需求和心理，並創造一個溫暖、具有人性的學習環境。她採用關懷和啟發的教學方法，以激發學生的內在學習動機。而朱慶琪老師強調在教育中創造一個令學生不自覺地愛上科學的環境。她採用具有趣味性和互動性的教學方法，以吸引學生的注意力，激發他們對科學的興趣。她的教學設計包括實驗、科學遊戲和生動的教材。

**實踐性學習**：許多老師支持實踐性學習，鼓勵學生在課堂外應用所學的知識和技能。這有助於學生更深入地理解和記憶所學。例如，水海所的黃志誠老師讓學生參與實際海洋研究，將理論知識轉化為實際技能。他著重於將學理知識與實際應用相結合。他的教學設計包括實驗室工作、實地考察和項目，以幫助學生將理論知識轉化為實際技能。而應用地質研究所波玫琳老師將實踐性學習視為關鍵，並通過實際體驗來啟發學生。她使用案例研究、實地考察和實際體驗，讓學生在課堂外應用所學，並建立實際技能。

**技術整合**：教育界日新月異，許多老師運用現代技術和網絡資源以提供更豐富的學習體驗。這包括線上資源、多媒體教材和網絡互動。例如，通訊系的許獻聰老師使用網絡資源和多媒體教材，以幫助學生掌握網路通訊技術。他強調運用現代科技和網路資源，將知識傳遞給學生。他的教學方法包括線上資源、多媒體教材和網路互動，以幫助學生掌握

網路資訊世界。而電機系歐陽良昱老師著重於建立學生的專業基礎，並強調將學習與實際工作相結合。他提供實用的技術培訓，以幫助學生順利進入產業界。

創新和創造力：一些老師鼓勵學生發揮創造力，解決實際問題，或在學科中探索新的視角。這有助於培養學生的創新思維。例如，土木系的賴勇安老師鼓勵學生創造可持續的土木解決方案。他強調在有限資源下創造無限可能性。他鼓勵學生在土木工程領域發揮創造力，解決現實世界的挑戰。而土木系林子軒老師鼓勵學生發揮潛力，提供挑戰性的任務，運用設計思考與動手創作，激勵學生發展問題解決能力。企管系黃承祖老師也將學習與興趣聯繫在一起，強調學習的樂趣。他通過創意教學方法和活動，讓學生在開心中學習。

學習策略：許多老師專注於教授學習策略，幫助學生更有效地學習和記憶信息，以提高學術成績和自主學習能力。例如，電機系的陳聿廣老師教授學生如何更好地應對學業壓力並提高學習效率。他強調理解自己學習的初心，自己成為行走的勵志故事，提供學生學習的技巧和策略，鼓勵學生為邁向未來成功而努力。而語言中心劉愛萍老師著重於語言教學和學習的互動性。她建立一個共創的學習環境，鼓勵學生參與語言學習過程。

深度學習：有老師強調深度學習和知識的探索，鼓勵學生追求卓越，攀登知識高峰。例如，太遙中心的張中白老師提供挑戰性的學術項目，激發學生對知識的深度探索。他強調深度學習和知識的探索。他鼓勵學生挑戰自己，追求卓越，並提供豐富的學習機會，以幫助他們攀登知識高峰。

跨學科教學：一些老師引入跨學科元素，將不同學科的知識融合在

一起，以提供更全面的學習體驗。例如，中文系的賀廣如老師結合文學和生活智慧，鼓勵學生思考跨學科問題。她鼓勵學生運用經典文學作品中的智慧，並將其應用於現實生活。她的課程涉及文學解讀和人生智慧的探討。

**學習經驗的設計**：不少老師強調設計學習經驗的重要性，以確保學生在教育過程中有意義的參與。例如，網路學習研究所的吳穎沺老師設計具有挑戰性和互動性的學習體驗。他擅長設計創新學習方法，自己成為學習經驗設計師，鼓勵學生突破自我的需求，成為學習旅程的背包客。而大氣系鍾高陞老師通過自己的學生經驗來引導教學。他的教學充滿啟發和專業洞見，以幫助學生更好地理解學科。

**情感智慧**：一些老師將情感智慧納入教學，強調同理心、關懷和情感健康。他們認為情感智慧對於學習和生活的成功同樣重要。例如，太空系的楊雅惠老師創建一個溫暖的學習環境，關心學生的情感需求。她強調理解學生的多樣性和差異。她通過接納和尊重每個學生的獨特需求，創造一個包容的學習環境。而經濟系黃麗璇老師提倡同理心和關懷。她鼓勵學生以人性化的方式思考經濟問題，並在課堂中促進討論和社會思考。而英美語文學系柏伶老師將哲學思維應用於課堂內外，並將愛和治療納入教學。她的課程強調思辨能力和情感智慧。同樣地，數學系黃榮宗老師，也強調個別關注和指導。他致力於理解每個學生的學習需求，以確保每個學生都能充分理解和掌握數學概念。

**幸福和心靈健康**：幾位老師強調教育的目的不僅僅是傳授知識，還包括幫助學生實現幸福和心靈健康，提供心理支持和幸福追求的指導。例如，資管系的蘇坤良老師結合幸福心理學理念，幫助學生在學業和生活中獲得幸福感。他強調教育與幸福的聯繫。他採用積極心理學和幸福

追求的方法，將幸福融入教學和學習過程。

　　這種多樣性和創新是教育領域的豐富之處，每位老師都在自己的領域中發揮重要作用。這些老師在教學中關注學生的整體發展，並致力於提供多樣性的學習機會，以幫助學生達到預期的學習目標。他們的教學方法和理念反應了對於教育的深刻理解和對學生未來成功的承諾。

## 三、成長：教學者的自我修養

> 尼采說：教育教育家，教育家必先教育自己。
>
> "To educate Educators! But the first ones must educate themselves."
>
> —— Friedrich Nietzsche

　　大學的教學現場都有教學者、教學法與學習者這三個關鍵元素。在這三個要素中，教師同時是「教學現場的設計者」與「領域專家」，而教學精進必須仰賴教師同時精進教學現場的設計能力與領域專業的能力。

　　領域專業能力是大學教師之所以為大學教師的必要條件，也是大學教師自我精進的重點。教學現場的設計者這個角色則不然。多數大學教師除了自己的學習經驗外，並沒有接受教學知能的專業訓練，所以大學老師的教學方法多來自於自己身為學生的學習經驗，而非基於教育理論與教學實踐的深思熟慮產生的結果。多數大學教師熟悉的是以教師為中心的講述教學，所以講述教學被複製到教學現場，成為今日教學現場的

主流。

　　在AI逐漸進入生活與教育現場的時刻，我們應當深思上述的教學方法是否適合正在快速變革中的社會，而我們對於教學法的判斷，也應該從「好不好」轉變為「適不適合」。如果教學的目標是在很短的時間內了解某個知識系統，講述法可能是合適的方法，但如果教學目標是培養批判思考的能力，講述法可能就不合適，問題導向的學習方法更能夠培養學生的批判力與思考力。

　　換言之，大學教師也應同時考慮「教學現場的設計者」與「領域專家」這兩個方面的成長。從107年度起，教育部開啟了教學實踐研究計畫，鼓勵大學教師除了研究自己的專業領域外，也開始研究自己的教學，近一步了解教育、教學與學習的理論，除了導入自己的課堂來創新教學外，也從研究的角度來迭代優化實踐的結果。發現教學現場的問題，研究並提出問題的解決方案，導入課堂，研究解決方案的成效，反思並持續優化，這樣的「教師行動研究」反應了教學實踐研究計畫的核心精神。

　　這本專書匯集了中央大學各專業領域教師在教學創新與實踐上的努力，每個故事都有它動人的脈絡與聚焦的重點，也都呈現了各式的教學心法與技法。各專業領域的教學創新方法與教師創新的策略也許都不相同，但成為更好的老師是這一群熱血老師共同的願景。

　　教學，是一種找到共鳴的過程。找到能夠看到學生眼睛的那一刻，讓他也看到你的眼睛；然後懷抱熱情，召喚靈魂。這是一種帶領，透過一個感動，達到一個傳承的過程。

| 目次 |
CONTENTS

2　　| 序一 |　　　　　　　　　　　　　　／周景揚

4　　| 序二 |　　　　　　　　　　　　　　／王文俊

6　　| 教學對話錄 |　　信仰思考、相信潛能　／施如齡・詹明峰
　　　　　　　　　　　——成為教育者之前

22　　編輯説明

講授與思辨課程

28　　Applying Philosophical Thinking Inside and Beyond the
　　　Classroom: Love and Therapy／Laura Pérez León,
　　　Assistant Professor, English Department

38　　帶領學生活用經典：中文系賀廣如老師專訪

44　　順應人性贏得學生心，激發內在學習動機：
　　　師培中心暨學習所辜玉旻老師心靈共鳴的教學之道

54　　把他教好就對了：數學系黃榮宗老師專訪

62　　將心放下，理解學生差異：專訪太空系楊雅惠老師

70　　教育新視野中的幸福追求之路：專訪資管系蘇坤良老師

合作與討論課程

80　　教育的背包客，學習經驗的設計師：
　　　專訪網路學習研究所吳穎泇老師

90　　網路資訊世界的擺渡人：通訊系許獻聰老師專訪

98　　攀一座知識高峰：太遙中心張中白老師專訪

106 讓學生開心走出課堂：專訪企管系黃承祖老師

114 換位思考，做個有溫度的人：經濟系黃麗璇老師專訪

122 如何學習——通往未來的萬能鑰匙：專訪電機系陳聿廣老師

134 走過學生路，行進教學途：專訪大氣系鍾高陞老師

**實作或實驗課程**

146 在不知不覺中沉浸於科學世界：科教中心朱慶琪老師專訪

154 成為學生的超人：專訪土木系林子軒老師

164 Unleashing the Power of Experiential Learning:

Discovcring the Inspiring Classroom／Le Beon,
Assistant Professor, Graduate Institute of Applied Geology

172 紮穩基礎功，接軌產業界：電機系歐陽良昱老師授課核心理念

180 讓學生能實際應用學理知識：水海所黃志誠老師專訪

188 師生共創的語言教×學：語言中心劉愛萍老師專訪

196 以有限創造無限：土木系賴勇安老師專訪

204 編後記 ／李瑞騰

# | 編輯說明 |

111學年度教務處編撰「教學傑出暨優良獎」專書，除了延續過去採訪 20位獲獎教師，分享他們的教學歷程之外，再次與教務處教學發展中心合作，將編排重點放在凸顯獲獎教師的教學特色，希望透過教師傳習制度，來鼓勵其他教師，勇於實踐多元教學，展現教學創新等精神。

每一門課程或領域並沒有特定或必然專屬的教學方法，每一位教師的教學特色亦未必僅有單一或羅列出的幾種教學法。被選在特定類別的教師，主要目的為凸顯該名教師之教學特色，以作為相關課程與領域之教師可學習的範例。

每一教學方法，皆授以一個圖像表示，如「翻轉教學」為「🌐」。於本書各篇教師介紹頁中，同時標示其所屬教學方法的圖像，呈現該名教師所屬的教學特色。

| 教學方法 | 圖示 | 核心機制 | 優點 |
|---|---|---|---|
| 講述法<br>Didactic<br>Teaching |  | 透過口述方式，説明知識的基礎理論，使學生建立完整知識體系。 | 歷史最久、最廣為使用的教學法，利於統整內容資料，建構完整且有系統的概念與原則。 |
| 自編教材<br>Self-made<br>Textbook |  | 開發符合專業需求與學生學習特質的教學材料。 | 可符合教師教學方式與學生學習進度的需求。 |
| 翻轉教學<br>Flipped<br>Teaching |  | 教師透過課前預習，在課堂上實踐一種「以學生為中心」的參與式學習觀念，並融入自主學習及永續學習的教學設計。 | 激發自主學習動機，讓學習者永續學習。 |
| 可見式思考<br>Visible<br>Thinking |  | 導入學習反思與批判模式，建立學習歷程記錄。 | 促進深度學習，提高學習者投入度。 |
| 遊戲化教學<br>Gamification<br>Teaching |  | 將學習融入遊戲因子（含遊戲規則／結果），引發學習動機與創意思考。 | 能引起學習者的學習動機，同時訓練團隊合作與問題解決能力。 |

| 教學方法 | 圖示 | 核心機制 | 優點 |
|---|---|---|---|
| 理論實作<br>Practical<br>Teaching |  | 融入理論的理解後，以實務操作並驗證。 | 培養學生思考、提問、探究、實作及分析的能力。 |
| 問題導向<br>Problem-<br>Based<br>Learning |  | 運用具有重大意義的問題，引發學生提出自己想解決的問題，並從旁協助整合他們所發現的資訊。 | 能激發學生的自主學習動機，培養思考和解決問題的能力。 |
| 設計思惟<br>Design<br>thinking |  | 透過觀察／擴散／內斂／原型製作等過程，找出現實生活問題的核心關鍵，解決並創作出解決問題的產品原型。 | 教師依循步驟即可引導學生，為各種議題尋求創新解決方案，並幫助學生釐清關鍵脈絡。 |
| 社會實踐<br>Social<br>Practice |  | 將問題帶入具規模與影響力之社會場域，真正帶動社會的創新與改變。 | 拓展學生的視野與增進表達能力，能更瞭解社會需求。 |
| 業師共授<br>Academia-<br>Industry<br>Collaborative<br>Teaching |  | 加入產業經驗與實務操作能力的業界專家，共同設計課程或指導學生學習。 | 藉由專業人士的經驗，使教師與學生得以瞭解業界的發展與內容。 |

# 講授與思辨課程

講授是教學中最基礎、最重要的一環。
透過語言，順著清楚的思路，精簡有力地傳達重要概念。
講授目的不在填塞知識，
而在引起反思，培養多元觀點與角度。

英美語文學系
**柏伶**老師

師培中心暨學習所
**辜玉旻**老師

資訊管理學系
**蘇坤良**老師

數學系
**黃榮宗**老師

太空系
**楊雅惠**老師

# Applying Philosophical Thinking Inside and Beyond the Classroom: Love and Therapy

Laura Pérez León,
Assistant Professor, English Department

多傾聽，多提問，
成為主動並耐心地傾聽他人和自身的聆聽者，
因為我們永遠不知道接下來會發生什麼。

Laura exudes vibrant energy and warmth in her interactions. In the classroom, she maintains the same level of enthusiasm and approachability while imparting knowledge with professionalism. Her students flourish in a nurturing class environment, as she skillfully uses philosophy as a bridge to construct knowledge with them. Her classes are not only halls of academic learning but also therapeutic spaces for students to examine their connection with themselves and the social world.

## From Upbringing to Classroom: Embracing Disagreement to Be a Critical Thinker

Specializing in the field of philosophy, Laura was influenced by her family upbringing, where she was encouraged and guided to think critically from a young age. Growing up in a household that fostered intellectual freedom, Laura began exploring the connections between herself and the world early on.

Laura is deeply interested in how to reshape her own perceptiveness, problem-solving skills, and communication abilities to different situations and discussions from various perspectives. This interest was fostered by her parents, who consistently asked her questions and encouraged her to explore different ideas since childhood.

This upbringing has given Laura the flexibility to approach topics with differing viewpoints. The encouragement to embrace diverse thoughts and welcome critical disagreement naturally translates into her teaching curriculum. As a result, Laura can better relate to her students' ideas, create an open and expansive discussion space, and adjust course materials and teaching methods. This approach enables her students to efficiently capture the nature of knowledge construction.

## Exploring Diverse Topics with Philosophical Skills

Among numerous courses, Laura adeptly employs philosophy as a transformative platform for discussions encompassing various bodies of knowledge and skills, while also seeking to transform philosophy itself. She believes that philosophy is not just a distant discipline but an inseparable medium for examining our lives, capable of delving into any topic. Starting from our intuitive perceptions of a subject, she encourages questioning and utilizes collected data to continually examine and revise students' understanding through various assessment methods, all the while applying philosophical reasoning skills, one of the collective skills of critical thinking.

Therefore, at the beginning of each class, Laura takes some time to review the content from the previous session and explains the background knowledge relevant to the day's discussion and to contextualize class questions. She understands that not everyone can quickly immerse themselves in the subject matters. To ensure that students can follow the complex reasoning, she guides them into the subjects and fosters their thoughts on the topics by helping them find connections within the intricate content.

Furthermore, Laura raises a collection of questions to reassess and clarify them first, as they serve as guides for directing students' reading and initiating discussions. She maintains an analytical approach, recognizing that while answers are essential, there can be various ways to respond to questions and to motivate further inquiry. Laura highly values students' responses, understanding that there can be multiple perspectives to examine a problem. The key lies in students' ability to seize information and share their thoughts that never fails to earn Laura's enthusiastic appreciation.

EL1067 Reconsidering Fiction, History & Philosophy. HANDOUT 1: Thu, September 15th

Laura Pérez, lauresperez@ncu.edu.tw. Fall 2022: C2-109, Thu 1–3:50 PM.

Today we will reflect on the following question: Q1: WHAT IS THE *VALUE* OF THE HUMANITIES?

When we think about the value of knowledge, skills/abilities, habits, we think of their value in terms of the contributions they make (to our lives), the beneficial effects they have. For instance, when we ask: What is the *value* of universities?, we tend to mean: What contributions do these institutions make to our lives? What beneficial effects universities possess/provide?

And, one possible response might be: Obtaining a university degree. But then, we should ask: What is the value of obtaining a university degree? One possible response might be: To achieve economic success. But then, we should ask: What is the value of economic success?

**The case I am particularly interested in reflecting on is: What is the value of obtaining a university degree in English Literature? A way to answer this question, is to address the problem: What is the value of the humanities: of literature, history, and philosophy?** Let's consider two ways of responding to this question.

(1) According to **Kendall Walton [*Marvelous Images, On Values and the Arts*, 2008]**, there are different kinds of values. Let's consider two of them:

*x* has an intrinsic value, if *x* is good in itself. For instance, the value of art is usually thought of as intrinsic [the intrinsic value of admiring and appreciating a work of art].

*x* has an extrinsic value, if *x* is good to obtain something else. For instance, the value of art *in art museums* is usually thought of as extrinsic [the extrinsic value of profit that results from evaluating something to be a work of art].

But then, we should ask: Can *x* have an intrinsic and an extrinsic value? Can the *humanities* have intrinsic and extrinsic values?

(2) Let's read the following excerpt from the **Foreword by Ruth O'Brien for the book *Not for Profit*:** *Why Democracy Needs the Humanities* (The Public Square) by Martha Nussbaum (2010), pp. ix-xi.

"The humanities and arts play a central role in the history of democracy, and yet today many parents are ashamed of children who study literature or art. Literature and philosophy have changed the world, but parents all over the world are more likely to fret [= worry] if their children are financially illiterate than if their training in the humanities is deficient. Even at the University of Chicago's Laboratory School—the school that gave birth to philosopher John Dewey's path-breaking experiments in democratic education reform—**many parents worry that their children are not being schooled enough for financial success.**

In *Not for Profit*, Nussbaum alerts us to a "silent crisis" in which nations "discard skills" as they "thirst for national profit." As the arts and humanities are everywhere downsized, there is a serious erosion of the very qualities that are essential to democracy itself. **Nussbaum reminds us that great educators and nation-builders understood how the arts and humanities teach children the critical thinking that is necessary for independent action and for intelligent resistance to the power of blind tradition and authority. Students of art and literature also learn to imagine the situations of others, a capacity that is essential for a successful democracy, a necessary cultivation of our "inner eyes."**

Nussbaum's particular strength in *Not for Profit* lies in the manner in which she uses her capacious knowledge of philosophy and educational theory, both Western and non-Western. [...] **In *Not for Profit* Nussbaum undercuts [= weakens] the idea that education is primarily a tool for economic growth. She argues that economic growth does not invariably generate better quality of life. Neglect and scorn for the arts and humanities puts the quality of all our lives, and the health of our democracies, at risk.** [...] It [*Not for Profit*] builds a convincing, if at first counterintuitive, case that the very foundation of citizenship—not to mention national success—rests on the humanities and the arts. **We neglect them at our peril [= with risk of loss or harm]."** (Nussbaum 2010, ix-xi).

QUESTION FOR DISCUSSION: What do you think is the value of being an English Literature major?

---

**Martha Nussbaum gave a short interview about *Not for Profit* for *Philosophy Bites* [https://philosophybites.com/2010/12/martha-nussbaum-on-the-value-of-the-humanities.html] in 2010.** Let's listen to what Nussbaum holds regarding the value of the humanities. The conversation is not available in written form. I've included below all questions posed by the interviewer, Nigel Warburton. Let's read them first before listening to the conversation.

**INTRODUCTION: If you study Engineering, you'll invent an ingenious widget that will improve the lives of millions and may even increase national GDP (Gross Domestic Product). If you study Philosophy, well, frankly, what good knowing about Schopenhauer (German philosopher) or Epistemology (the philosophical study of human knowledge) is going to do you? Surely, it is a positive development that under budget pressures, Western governments are squeezing university humanities departments. The Distinguished University of Chicago Professor Martha Nussbaum thinks not.**

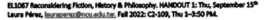

Laura's designed handouts include detailed background knowledge and questions.

## From Academics to Daily Life: Optimizing through Critical Thinking

Laura places significant emphasis on critical thinking, stating, "It is essential because it also gives you intellectual autonomy. It also gives you the opportunity to think for yourself." She believes that regardless of their major, every student should take courses in critical thinking. In fact, the NCU English Department prioritizes a critical thinking training.

Reasoning skills are a fundamental component of critical thinking and essential to foster this skill. This is why Laura attaches great importance to reasoning abilities, including information assessment and logical thinking processes. She guides students in efficiently and effectively gathering in addition to actively weighing on it, aiming to help them formulate ideas comprehensively before presenting them.

Moreover, Laura emphasizes that reasoning skills are applicable in everyday life. Our thoughts and decisions are interconnected, and training these skills can assist us in clarifying our ideas and optimizing our thought processes, both in academic contexts and daily life. This is extremely important for the NCU English Department's curriculum. She firmly believes that if students can follow complex reasoning, they can accomplish anything they set their minds to as well as to be socially accountable to others and themselves.

## Staying Agile, Growing Better

Laura incorporates class discussion segments where students share their perspectives based on the background knowledge and the posed questions, thus generating a common foundation for group debates. She highly values student participation and eagerly listens to their thoughts to ensure they successfully apply conceptual distinctions and skills. This instant feedback allows her to guide and adjust the pace of the class accordingly.

Keeping abreast of students' learning progress and pace in different courses, Laura actively updates her teaching materials semesterly based on their abilities, learning trends as well as social, health, and political concerns. She explains, "Each semester I always teach something different. For instance, for my writing and speech classes, I always change the topics. So, I want to see the content of these seven semesters and select the content that was really successful or that I thought had a better impact."

Throughout her seven semesters of teaching at NCU, Laura meticulously designs diverse teaching materials, aiming to provide the best training resources and achieve maximum impact within the time available. By organizing 14 conversations with 12 international scholars and a writing group open to all NCU students as teaching resources since February 2020, Laura has stressed the role of philosophy for university training, of collective critical thinking and discussion, and intra- and interpersonal accountability.

## Handouts' Profound Impacts on Enhancing Criticl Thinking

Due to her adept use of philosophy as a thinking platform, Laura designs comprehensive presentations and study guides for each class, providing discussion questions and background knowledge for every topic. This approach allows students to keep up with the pace of the class and enables them to catch up on missed content if they were absent during discussions. The provided study guides serve as handy summaries, ensuring students to independently catch up on any missed material.

Furthermore, in response to changes in students' learning conditions in recent years, Laura has found that study guides are more effective than regular presentations in helping students follow the reasoning process. As philosophy involves a series of interconnected thoughts, it is easy for the flow of ideas to break or important considerations to be overlooked. Maintaining the cohesiveness of information and the coherence of thinking become even more crucial. With individual study guides for each student, relevant information is readily available and easily accessible, ensuring a more comprehensive and efficient thinking process. Laura tailors the study guides to accommodate students' learning habits, organizing key points, and designing them in a reader-friendly layout, alleviating the students' burden. This approach allows students to quickly find the information they need, enhancing their performance in class discussions and assignments.

## Building Bonds, Inspiring Excellence

With caring and nurturing attention, Laura listens to her students and gets intimately involved in their academic journey, bridging the gap between knowledge and life.

Her warmth and concern for others add significant value to her teaching. Proactively building strong relationships with her students, she fosters a sense of trust and camaraderie from the very first meeting, making them feel like long-lost friends. Addressing students by their names with genuine affection, she readily engages in friendly exchanges. As a mentor, she schedules one-on-one sessions with her students, delving deep into their thoughts on academics and life, purely driven by her genuine care for their well-being. These efforts also extend to her classroom, promoting a fruitful teacher-student interaction.

Laura finds great satisfaction in her dedication to freshmen throughout the semester. She genuinely believes that students seek engagement, interest, and effort in their academic life. Her deep understanding of their various ways of reasoning and everyday concerns allows her to assess their performance in class and assignments starting from their own standards, rather than initially imposing her own.

In a lighthearted manner, Laura jokes, "I was like their Mexican aunt following them." She reaches out to students who are absent from class, expressing her concern and inquiring about the reasons behind their absence. This genuine care extends to their academic progress and personal challenges, with a readiness to assist them whenever needed. For most of her students, especially freshmen, she conducts one-on-one conversations to promptly identify and support any difficulties they might face, believing that this will improve their performance in coursework.

## Prof. Laura Pérez León's Unique Approach to Reconstructing Thinking and Empowering Learning

Laura's unique teaching principles enable students to keep up with the pace of the classroom and adjust their learning accordingly. She sets the deadlines for mid-term and final assignments before the exam week, allowing students to alleviate stress during that time. She also encourages students to submit drafts, which allows her to support their progress and guide them back to the main theme if they happen to lose track. Laura jokingly remarks, "Because I am very controlling. I mean, this is very controlling." By implementing these practices, Laura ensures that her students have a smoother learning experience and are well-prepared for term evaluation. Her proactive and attentive approach to teaching reflects her dedication to their growth throughout their academic journey.

Furthermore, Laura leaves numerous comments on each assignment. "I'm curious. I want to enter their thinking world." Reading through the students' work and leaving comments is one of Laura's ways to gain a deeper understanding of their thinking. During one-on-one discussions with students, Laura can provide very specific feedback based on the comments she has left on students' work. These comments enable her to communicate more effectively with students, as she can better empathize with their experiences, feelings, and thoughts, leading to more productive and efficient interactions.

Laura believes that this process is highly valuable for developing basic critical thinking skills, as it helps students reconstruct their thinking and reasoning. She appreciates it when students respond with statements like, "No, Laura, I didn't say that in my article" or "No, Laura, you missed the point." Laura finds it rewarding when students use her comments to

Practicing active and patient listening, both to ourselves and others, offers a profound method to navigate the challenges of life with equilibrium and strength.

examine whether their writing aligns with their true thoughts and whether the logic is clear enough for readers to understand.

Every writer hopes to have attentive readers who care about their writings and presentations, and Laura perfectly fulfills this role, enhancing students' learning efficiency and earning their respect and admiration.

## Ask and Listen

Finally, Laura shared a personal belief.

"Listen more, ask more. Be an active and patient listener of others and ourselves. Because we just don't know what is going to happen." In the past, when facing setbacks and suffering, Laura realized that the overall situation and state of mind became too complex. Without truly listening to herself and others, being too focused on the struggles, it's easy to become immersed in pain.

She emphasizes the importance of finding those who care about us, listening to their thoughts, engaging in self-dialogue, and asking ourselves questions to reassess ourselves. In the classroom, Laura encourages her students to patiently listen to their own inner voices. "Why do you want this? What do you desire for? Why are you doing this? Can you do this differently? Is this the only way you can do things? How can you be accountable for yourself and others?"

Laura skillfully imparts the crucial ability to ask thought-provoking questions, utilizing the critical thinking skills honed in ordinary circumstances. Navigating the information explosion and life's social, health, and political complexities as well as genuinely following sound reasoning when making decisions are the most valuable skills she instills in her students. These abilities transcend both academic and personal aspects, empowering them to thrive collectively in today's fast-paced world while staying true to their passions and values. With Laura's guidance, her students are equipped to confidently navigate life's challenges and make informed choices in all spheres of their journey.

（文／游采樺）

The Video Link of Laura's Teaching Methods and Students' Feedback

# 帶領學生活用經典
## 中文系賀廣如老師專訪

對事情要有主見，不要人云亦云，親眼所見的未必可靠，要學著看透萬事萬物表象下的運作，經典不能死讀，一定要活讀，才會有用處。

中文系的賀廣如老師笑道：「其實自從上幼稚園開始，我一直都很想當老師。」在中學時期，老師對於國文領域便懷有熱忱，進入中文系後，更發覺系內各個不同領域的奧妙之處。老師的授課內容多以傳統經學、義理思想為主，有別於詩、詞、曲等文學。在課程中，老師時常鼓勵學生思考如何轉化、活用古代經典，致力將這些知識應用於現代生活。

## 課前預習，讓學生敢於發言

老師開設的課程包含「國學導讀」、「詩三百選」、「宋明理學」等，在上課前，學生都需要事先預習。例如中文系必修課「國學導讀」，講到諸子百家時，老師會依據各週不同的主題，要求學生先看過原文，然後再針對看不懂的地方，在課堂上提出來，直接進行討論。而在選修課「宋明理學」中，學生課前預習之後，到課堂上便分組討論，每週面對的組員都不相同，主題也不斷更換，藉此增進彼此之間的腦力激盪，而老師則輪流到各組協助解惑。討論結束後，老師會針對各組所提的問題，再對全班重新講解，各組也要派一位代表，針對該組的想法，作系統性的分享。整個上課過程中，老師總是拋出引導性的問題，訓練學生的思辨能力，讓學生能有主見，無論對錯深淺都能勇於發言，這是老師長期以來的教學風格，也是對學生的期望。

在「詩三百選」課程中，除了講述《詩經》中的經典內容，也會衍生介紹古人的生活樣貌。特別的是，老師錄製了一系列的《詩經》解說影片放在 Youtube 上，為了增進理解，舉凡詩中提及的草木鳥獸蟲魚器物，影片都盡可能地提供合法授權的相關圖片或畫作，而且還大量補充每首詩作的歷來討論和評點。修課學生在每堂實體課前，都需要事先預習、觀看影片，課堂上直接進行分組討論，分享彼此心得，並嘗試由詩歌內容探索各種主題，深入解析。

賀老師表示，其實臺灣的學生在課堂上普遍都不太愛發言，縱使對

投我以木瓜，

木瓜：落葉灌木，狀
如瓜。宋・魏了翁《
毛詩要義》曰：
《爾雅・釋木》云：「
楙，木瓜」。以下
木桃、木李，皆可食
之木，則此木瓜亦美
木可食，故郭璞云：
實如小瓜，酸可食」
，是也。」

賀廣如老師在Youtube上錄製一系列《詩經》影片，讓學生能課前預習，內容為《衛風・木瓜》。

於相關內容有問題，或是對課程有其他想法，也都默不吭聲。老師希望在自己的課堂上，學生能自由自在地說出感受或提問，不管是對於課程安排，或是課程內容，讓課堂變成是交流暢談的場所，而不是單向給予知識和填鴨式的講課。甚至師生、同學之間「唇槍舌戰」的論辯，也是一種交流方式。當學生透過語言，組織課程的內容並清楚表達後，便可顯示學生對課程的吸收程度。而老師與學生在問答之間，一來一往，也可以幫助學生增進思辨及組織能力，訓練更縝密的邏輯思考。

## 古學今用──經典活化與改編

經典之所以能成為經典，歷經上千年時空的考驗，必有值得學習之處。老師希望學生在閱讀經典時，不只深入明瞭內容，更應思考如何運用在我們的生活與社會之中。所以經典應該要活讀，而不是死讀；活讀經典，才能運用，如果只是理解章句文意而不能活用，那麼這樣的學習並沒有太大意義。因此，在課程中，老師總是希望學生在汲取經典中的知識之後，能夠有一些反思與回饋，對內能安定身心，對外也能轉化與

運用。

「國學導讀」中先秦諸子思想的部分，特別是法家思想和孫子兵法，老師總會結合當今國際局勢，及國內外的政治時局，引導學生檢視當今的社會制度，讓學生在課堂中討論古今政治的利弊影響。在上《禮記‧月令》時，也讓學生從中探索古人在面對自然時，是如何以尊重和敬畏之心，依照自然法則地生活著。

「宋明理學」課程，學生依要求先預習理學家原典，課堂上再一同探討各家對於心、性、情、欲的定義。學生可藉此結合自身經驗，體察平時起心動念之細微變化，在情緒或慾望油然而生的瞬間，思考能如何不受外境干擾，逐漸安定性情，對於心性欲望能有更深的體會。

將《詩經》的內容轉變成各式文類，這是「詩三百選」課程的經典改編作業，舉凡散文、小說、新詩，甚至是流行歌詞、劇本等，都有學生嘗試創作，內容豐富多元，創意十足。而「國學導讀」的期末報告，則是以「十三經」或「諸子思想」為主題，轉化運用於當代社會。例如：以《詩經》改編的短劇、古今婚禮的對照，或將孫子兵法運用於

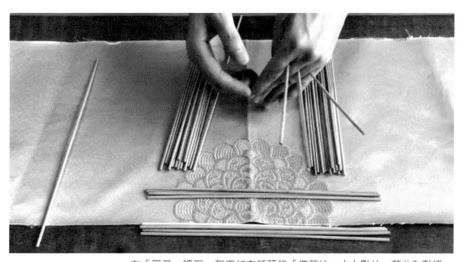

在「周易」課程，賀廣如老師預錄「揲蓍法」占卜影片，藉此為動機，引導學生以《周易》的哲理面對自己或他人的困惑與迷惘。

愛情攻防的策略之中，還有依各家思想創作的Podcast、RPG遊戲及桌遊等，不僅為課程增添不少樂趣，也令人對經典有耳目一新之感。

## 紮實的邏輯思考訓練

宋明兩代理學家對於心、性等議題有大量的討論，由於各家不僅說法不同，對同樣的字所賦予的定義也有差異。因此，在「宋明理學」這一門課中，老師強調對概念的精確掌握，以及表達概念時用字的精準度。課堂上老師先引導學生討論議題，並即時修正學生思考或用字的誤差。課後，學生必須上 ee-class 撰寫該週心得，然後老師再給予回饋或指正。賀老師說道，透過撰寫的方式，可以讓學生將整堂課的內容彙集起來，重新思考一遍，特別是與思想有關的課程，當學生在寫心得時，會學著對相關議題進行縝密的邏輯思考，也會格外注意用字的精確與否。

此外，老師也鼓勵學生選擇以「口試」或是「小論文」作為評量的方式。因為對學生來說，口試需要充足的準備，方能應試。在師生往來問答之中，可看出學生是否能透徹理解所學，和有條理地完整表達各家思想。而小論文更是紮實的書寫與思辨訓練，邏輯清晰、組織嚴謹、層次分明、用字精確地解析相關概念，這樣的訓練，不只可為學術研究打底，也有助於學生未來在遭遇問題時，能井然有條，頭腦清楚地應對。

## 啟發才是最重要的

賀老師認為，只要能活讀古書，不論未來身處任何領域，中文系所學的知識都會有可用之處。每個人喜歡的經典不同，也未必要全盤接受，重點要從中得到啟發，最好能聯結到自己有興趣的領域，汲取古今時空淬鍊而出的精華，想辦法轉化成為自己的東西，再應用到生活或工作之中。

韓非子

一、人性觀：性惡／自利

01 民之性，惡勞而樂佚，佚則荒，荒則不治，不治則亂。（心度）

02 王良愛馬，越王勾踐愛人，為戰與馳。醫善吮人之傷，含人之血，非骨肉之親也，利所加也。故輿人成輿，則欲人之富貴；匠人成棺，則欲人之夭死也。非輿人仁而匠人賊也，人不貴則輿不售，人不死則棺不買，情非憎人也，利在人之死也。故后妃、夫人、太子之黨成而欲君之死也，君不死則勢不重，情非憎君也，利在君之死也，故人主不可以不加心於利己死者。（備內）

03 父母之於子也，產男則相賀，產女則殺之。此俱出父母之懷袵，然男子受賀，女子殺之者，慮其後便，計之長利也。故父母之於子也，猶用計算之心以相待也，而況無父子之澤乎！（六反）

二、政治論：尚法、用術、任勢

04 法者，憲令著於官府，刑罰必於民心，賞存乎慎法，而罰加乎姦令者也。此臣之所師也。（定法）

此為「國學導讀」及「宋明理學」之上課教材。賀廣如老師希望學生能直接閱讀原文，體悟出自我的感想。

此外，現在科技一日千里，知識取得十分方便，學習方式已不限於書本和教室，老師認為，每個人都應努力「自學」，善用網路及各方資源，除了本身的專業之外，還應學習跨領域的新知識。學習應該是主動的，積極去探索自己想要的事物，不少學生不知道自己想要的是什麼，這種情況，更應藉由網路的資源，廣泛探索，找到能令自己熱愛的事物。當一個人一講到某事，眼睛就會放光時，那才可能會有熱情；從事有熱情的工作，才能享受其中，也才會做得好。老師很期待每位學生都能夠找到屬於自己的一片天。

一枝草一點露，對賀老師而言，每一位學生都是獨一無二的，都有各自的潛力和特質，所適合的教育方式也不盡相同。在課堂上，老師不可能滿足每一位學生的需求，但仍希望能協助學生找到各自的方向，讓學生看到自己的獨特，學著造就自己，成為自己的人上人。

（文／林祥麒）

# 順應人性贏得學生心，激發內在學習動機

## 師培中心暨學習所辜玉旻老師
## 心靈共鳴的教學之道

學生都是很值得等待跟給機會的。

也許他們改變的時刻不在當學期的課堂，

但也許經過幾年再見面時，

發現學生因為教育而茁壯時，又再次確認了不放棄學生的信念。

甫上國小一年級，辜老師就感受到老師角色的重要性，嚮往著老師所能帶給學生的光輝，也因此立志執教鞭。升學路上以來對自己的理想堅定不移，始終夢想著可以發揮出自己最大的影響力，成為能帶來改變學生一生的啟蒙教師。而這個理想也在辜老師踏入教學領域後一步步實現，成為學生口中那位溫暖的好老師。

在辜老師獲得學生高回饋的眾多課程中，含括了需長時間培養閱讀素養的閱讀策略與教學，以及充滿生硬理論的教育心理學等課程。要在短短一學期中，讓學生融會貫通，並實際運用出來，可說是難上加難。然而，大學主修教育系的辜老師以身作則，將教育系所學理論實際運用至課堂以及與學生的互動中，讓學生親自感受到理論作用於他們身上的奇蹟。老師遵從教育心理學理及順應人性的上課方式，引導學生培養正確學習態度、激勵學習動機以及提高上課表現，讓上課不再是為了交差了事，而是打從心底為了自己而努力。

## 活用教育心理學的理論，提升學習投入度

「學生的學習動機是出自於想聽老師準備的內容，除此之外，要抓到學生注意力也是需要撇步。」在教育心理學這類較偏理論記憶型的課程，辜老師在課前就會傳上課簡報給學生，主要目的不是為了請他們先預習，而是希望學生可以專注於上課時的補充例子，用自己的方式做筆記。一來，做筆記是二次思考，對講授過的知識更有記憶點；再來是可以激勵學生到課，辜老師的課堂補充資料豐富，來上課就像吃補品般，比自己讀書更有效率。而學生也很專注，甚至也會把辜老師強調過的字句如實抄至筆記上，辜老師也笑著說：「真的不能亂說話！學生都會記上去呢！」

學生的精美課堂筆記。

個人學習札記與省思___109102501___李書寧

| (1)早閉型認同/辨識預定( identity foreclosure)：<br>• 過早建立認同，此認同是以父母的選擇為基礎，而非來自己的選擇為「假認同」(pseudo-identity)<br>(2)迷失型認同/辨識混清(identity diffusion)：<br>• 沒有一定的職業方向，對任何意識型態都不投入。對於未來的目標和方向，幾乎沒有什麼進展<br>(3)未定型認同/辨識遲滯(identity moratorium)：<br>• 開始試驗不同的職業和意識型態，但尚未做最後的投入（具實驗性質，會以不同方式試探可能性）<br>(4)定向型認同/辨識有成(identity achievement)：<br>• 對職業和意識型態已經做了明確的決定。他們很明白，他們是在自主、自由的狀態下做這些決定 | ◆ 青年後期(18 到22 歲)，大部分的青年已發展出定向型的認同狀態<br>◆ 未定型的青年，其焦慮程度傾向最高，早閉型的青年，焦慮程度最低<br>◆ 定向型和未定型的青年自尊最高，而早閉型和迷失型的青年自尊最低<br>◆ 要能成功地找到自己的認同，青年就必須進行試驗並保留彈性。他必須先試著找出可能的方式，然後去考驗和修正。<br>◆ 父母、老師、和同儕穩定地給予接納，對青年的試驗有正向的回應，會有助於青年建立自信 | Elkind(1978)提出青少年的自我中心主義主要有四大特徵：<br>(一)想像觀眾：<br>一直以為自己是被觀賞、關注的對象，產生了想要逃避「觀眾」品頭論足或批判的意圖，出現羞和感、自我批評、或自以為是的反應<br>(二)個人神話：<br>過度強調自己的情感與獨特性，嚴格區分自己的情感與相信自己的與眾不同<br>(三)假裝愚蠢：<br>故意表現宛如一無所知的樣子<br>(四)明顯偽善：<br>認為自己不需要去遵從絕大部分人都遵守的規定，他們希望能夠與眾不同，但又認為別人應該要遵守既定的規範（雙標） |
|---|---|---|

3/6 省思：關於未來盡量為自己的小孩挑選不太競爭的小學，以減少小孩的挫折感的建議，我不能同意更多了。小學階段是人格養成的重要階段，不需要秉持著不輸在起跑點的信念承受過度競爭下身心童扭曲的風險。

### 3/13 學生的道德發展：皮亞傑、科爾柏格之理論

| (一)皮亞傑的道德發展論_1 | (一)皮亞傑的道德發展論_2 | (一)皮亞傑的道德發展論_3 | (一)皮亞傑的道德發展論_4 |
|---|---|---|---|
| • 著重分析兒童個人是否守規則及對公平正義的看法<br>• Ex: Piaget 在兒童玩彈珠時間問他們：「這些規則是誰訂 | • 第一階段<br>前道德期(pre-moral period)<br>• 大致上學前兒童都屬於這階段（五歲以下） | 第二階段<br>他律道德期(heteronomous morality)<br>又稱為道德現實主義(moral realism) | 第三階段<br>自律道德期(autonomous morality):10歲後~<br>• 或合作道德(morality of |

除此之外，辜老師的期中期末考試的選擇題有一半都是來自課上講解過的歷屆考古題，即使這些題目和答案都會細心整理好上傳至ee-class，學生還是會親自到課來聽辜老師親自講解與分析。「把上課曝光過的題目放在期中期末考中，是符合教育心理學的動機理論，因為讓學生覺得付出是有高期望值的；而課堂上用運Kahoot!問答遊戲，讓學生馬上檢視學習成效，則是一個很好了解與即時改正學生迷思的時刻，這也是行為學派原理的運用」。由於辜老師針對較多學生答錯的題目會有額外的補充說明，「若學生錯過了在課堂兩個小時就可以獲得的資源，則他們可能是要多花好幾倍時間都不一定補得回來的。」不用任何外在機制控制學生行為，讓他們心甘情願投入課堂，是辜老師一直以來的原則。

## 順應人性，打造讓學生放心學習的環境

而辜老師的課堂氛圍輕鬆自在，來自於她與學生間的信任以及遵從人性的授課方式。「站在學生的對立面是沒有用的，要先取得他們的信任，學生也會感受到老師的真心，即使他們很累，還是會挺起精神來上課！」辜老師從不限制學生在課堂飲食，除了她遵奉教育心理學裡的理論外，更出自於她對學生素質的肯定。辜老師自信地說：「就如教育心理學中提到的需求理論，一定要滿足學生的基本需求，他們才有可能感到被尊重、接納，學生才會想來學習，更何況中央大學的學生都是很有規矩的孩子，也不用再對他們強調學生的本分。」也因此，辜老師的課堂從沒有罰的機制，更不會因為課堂遲到、隨堂小考表現不佳而有扣分的規定。此外，辜老師很維護課堂氣氛，不喜歡讓學生傷到自尊，希望讓他們因為想要更好而茁壯，而不是出於害怕被責罵而被迫成長。因此在小組報告時，辜老師總是將學生的亮點在全班面前放大，讓學生因為互相欣賞而成長；並在同儕互評中特別設計「我覺得這一組最值得學習的是…」，培養正面思考的成長思維；同時，辜老師也會從互評表中，

講　授　與　思　辨　課　程

韋老師運用Kahoot!檢視學習成效,親自為學生解惑、帶討論。

110-2 閱讀策略與教學 【學測、會考中的「閱讀」】小組報告回饋單

報告組別：【學測、會考中的「閱讀」】─以　　生物　　科為例

| 我覺得這一組最值得學習的是… | 1.解釋題目很清楚。<br>2.螢光筆標記關鍵字句易於觀看。<br>3.結論連結核心素養。 |
|---|---|
| 如果是我報告，我還可以怎麼做得更好？ | 1.可以分析一下閱讀題在生物科中所佔得比例是多少，川年和110年有差別嗎？<br>2.加個目錄更清楚。 |
| 關於此主題，我有疑問的是… | 不需要太多先備知識的閱讀題增加，是否利於不太擅長自然科的學生作答？<br>過去 |

同儕共學，相互為師。

篩選有建設性的同儕建議，課後一併整理好附給報告小組。辜老師自信地說道：「其實大部分要改進的點他們自己都知道了啦！」辜老師用信任和關愛灌注學生，創造友善且有啟發力的學習環境，自然地學習態度就會隨之提升了。

## 站在學生立場看世界，一同戳破學習盲點

針對近年來討論度非常高的閱讀素養，辜老師正有一門「閱讀策略與教學」的選修課程。透過精心規劃一系列素養導向的課程內容，幫助學生提高閱讀理解力，同時建構閱讀發展與策略的專業知識，期待師培學生未來在教書時，可以更有效率地處理教學內容，更有組織章法地運用合適的技巧及教材授課。

辜老師讓學生從觀察及省思開始。課程一開始先帶他們分析近年大考考題，因為每年學測考完後，就會有新聞媒體紛紛針對「考試題目文字量多到像在考閱讀理解，而不是考學科知識」大做文章。因此，辜老師覺得應該打破社會常有迷思，因為「唯有大破才能大立」，所以讓學生研究考題究竟是強調學科專業度，亦或是閱讀能力。這個活動結束馬上就能讓上課同學眼睛一亮，開始定心思考何謂閱讀與閱讀素養。接下來才開始真正進入閱讀的世界，帶著學生依序理解閱讀的歷程，用不同的文章及活動讓他們以讀者的身分身歷其境（尤其是遇到閱讀困難點），互相分享閱讀的過程，來釐清自己與他人如何處理文字訊息，並轉化成自己的知識並表達出來。辜老師將冗長又複雜的閱讀歷程拆解、檢視，一起與學生看見學習的盲點，這時，再引導學生運用正確的閱讀策略，將階段性問題迎刃而解。除了提升學生的閱讀素養外，辜老師更是刻意讓學生親自體會、抽絲剝繭，進而找出問題點，引導他們能夠正確看待學習的本質和過程。辜老師也很重視身為教師必備的同理心，引導學生未來在教學時，可以有效幫助學生解決學習問題，而非只是丟教材、設計學習單，用沒效率的方式塞知識給學生。「很多老師無法站在

學生的角度理解他們學習的困難，只是一直叫他們一讀再讀。然而一旦老師先理解學習各階段的可能挫折點，並在前置作業上安排有效的教材，放手讓學生親自體會那段過程，可以幫助學生更好釐清自己學習的盲點。」因此，做筆記也成為辜老師少數的課堂規定之一。辜老師解釋，以閱讀策略來講，吸收資訊並轉化成想法，這段過程是需要自由親自整理歸納的，光讀別人整理的破碎資訊是不會烙印在腦海的，這也是為甚麼辜老師的課堂上，總能看到學生全心專注於聽課與做筆記。

## 不急著看到學生成長改變的那天，因為那天總會到來

「學生都是很值得等待跟給機會的。也許他們改變的時刻不在當學期的課堂，但也許經過幾年再見面時，發現學生因為教育而茁壯時，又再次確認了不放棄學生的信念。」辜老師回憶她在課程中，讓學生準備一場小演講，讓他們分享學習歷程中影響自己最大的老師。辜老師說這是一個「剝洋蔥」的過程，讓學生回想從前那些溫暖、難過、糾葛的時刻。除了讓學生見證到，所謂「有影響力」的老師沒有一定的標準外，也讓辜老師發現，其實一些在學期初有距離感、難親近了解的學生，大多曾經在求學路上有一段辛酸的遭遇。對於這些學生，辜老師第一時間除了透過故事了解背後原因，也會溫和地慢慢接近他們，盼能逐漸獲得學生的一些信任。辜老師溫暖地說：「受過傷的學生背後一定都有他們的故事，今天會對老師比較有防備心，一定是過去沒有受到好的對待方式。要給他們時間慢慢復原，不能一股腦地灌注我們認為『好』的資源，甚至期望他們敞開心胸。」辜老師溫和真切地與學生交流，讓他們安心地茁壯成長；同時也與學生成為朋友，校內生不僅常會找老師談心事、聊職涯，畢業的學長姐也會不定時回來學校找辜老師聊近況。這樣的師生情誼建造在辜老師順應人性的教學心法，用時間和堅毅態度澆灌學生，用朋友的形象陪伴學生成長，讓他們倍感親切、受到重視及尊重，學生自然也會給予回饋，謝謝老師的用心。

15.我對本課程的心得與建議：如
教學態度、教學方式、教材內容、
教學評量、教學輔助器材的運用、
課內或補充教材之選擇......？

▲很喜歡辜老師，覺得很貼近同學的心理，總覺得很多時候聽
到辜老師說的話，就會覺得老師真的是很溫暖的一種職業，能
夠對教育繼續保有熱誠，謝謝老師

留存心底，持續鼓舞著辜老師的溫暖話語。

## 使命達成的感覺，真棒！

　　「總覺得很多時候聽到辜老師說的話，就會覺得老師真的是很溫
暖的一種職業，能夠對教育繼續保有熱誠。」這是眾多好學生好評中，
令辜老師印象最深刻的一句話。從小就視教學為一生使命的辜老師，期
望能成為發揮最大的影響力，培養良善的未來教師，讓正能量從源頭散
發，這也是當初堅持成為教授的原因。因此，雖然教學路上以來看似順
遂快樂，但實質上辜老師壓力頗大，背負著教學使命的她珍惜作為人師
的每分每秒，希望可以給學生、教育界最大的貢獻。「不要低估自己的
影響力」也成為辜老師謹記在心的話語，勉勵著她與她的學生們，付出
的努力終究會回饋在自己身上，繼續鼓舞著每個背負著不凡使命的人。

（文／游采樺）

講授與思辨課程

# 把他教好就對了

## 數學系黃榮宗老師專訪

我覺得重點要同學自己去努力，去發掘他想要的，我無法替他決定出路，這個部分他要自己去摸索；每位同學在每個階段，都是摸索的過程，他總會找到屬於自己的一條路。

「站在走廊的這位同學,請問你是教學獎來採訪的嗎?來來來,這裡快請進⋯⋯」一邊開空調一邊親切招呼我的受訪教授,是已到中央大學服務十餘載,首度榮獲校級教學暨優良獎,現任數學系系主任的黃榮宗老師。談到教學獎的採訪,黃老師露出一抹靦腆的微笑,坦言這是他第一次接受訪問。

## 不斷研究創新的微積分教學

　　「怎麼走入教學領域的喔⋯⋯就是單純喜歡數學吧。」黃老師笑著回答,因為從小在數學上的表現就特為突出,在進到臺大數學系研究所,看到許多同學都會選擇出國進修後,他開始興起了專精純數研究、往在大學任教這條路繼續發展的念頭,此後便一路走到了今天。然而,因為長期擔任負責排課的副系主任一職,雖然主要研究領域在於微分幾何方面,但黃老師近幾年主要開設的課程,卻是大一必修的微積分。

　　「我的課其實都是看系上開完課後,看哪裡需要去支援就去這樣子,不知道為什麼每次都排到微積分這樣子⋯⋯所以我這幾年教了很多次的微積分。」對理工、商管等科系的學生來說,微積分是一門最為基礎的數學科目,在其各自領域的應用面都非常廣泛;而至於針對數學系學生所設計的微積分課程,除了要使之學會如何計算、怎麼去應用這些定理,還必須要更進一步地做到定理證明的邏輯推導,「為什麼這個定理是對的?」和其他科系的微積分課程相比,著重點會稍有不同。有著這般前提,怎樣的上課模式能使學生更好地吸收知識,一直是黃老師在教學上想創新突破的。

　　在微積分的教學上,傳統的上課方式以抄板書為主,透過計算公式的推導,能讓同學的思緒隨著抄寫一步步跟上,卻會使老師將大部分的時間花在寫黑板,導致課程進度緊促;但若是以投影片教學,雖然能有效節省老師書寫的時間,卻可能使學生看過就忘了,無法留下深刻印象。最初,他也是使用傳統的板書方式來進行課程,直至幾年前磨課師

（MOOCs）這種可用於線上課程的影片教學模式傳入臺灣，黃老師開始思索要怎麼在盡可能節省助教跟課與後製剪片的人、精、財力耗用下，以更簡便的方式來錄製課程影像。

　　捨棄一般用數位相機置於教室後方錄影的作法，他嘗試以iPad上課企圖達到同樣的效果，但在這個摸索的過程中，也是有遇到困難的時候——如投影設備和螢幕錄製的相容性問題。雖然平時單獨使用iPad時可以輕鬆地開啟螢幕錄製，然而一旦將iPad接上教室的投影設備，內建的螢幕錄影功能就會罷工，這使得黃老師必須同樣的課上兩次，一次在教室和學生當面授課、一次卻要課後再錄製給同學複習的影片，就長期效益上這顯然不是一個持久之計。

　　為了有效結合前述兩種上課方式的好處，黃老師選擇自製投影片，把定義、定理以及範例的部分預先打上去，將計算推導的地方留白，這樣在上課講完理論後，就能直接在投影片的留白處用平板進行演算，成功地融合了上述兩種方法的優點。黃老師表示：「當初要去做嘗試的時候，真的完全沒有想過會有這個額外的好處。」盡可能地以學生容易吸收知識的角度來精進教學方式，所做的努力顯而易見地反應在分數提高的期末教學評量上，這讓黃老師覺得很有成就感。

　　後來經過多方嘗試，黃老師終於找到適當的螢幕錄影程式，能在接著投影機上課的同時，也將平板上的畫面給錄製下來，這讓他只需在課前按下錄影鍵、課後轉檔上傳至課程的FB社團即可，不必額外多花費心力，可謂一舉兩得。出乎意料的是，在四、五年前為了節省成本而摸索出的教學模式，竟意外在疫情爆發的時候，使他能「無縫接軌」學校同步遠距的教學政策。「對！我已經預備好了，完全馬上就可以進入狀況。有些老師會覺得需要花更多的精力去做這件事情，但對我來講其實是很輕鬆的，因為我已經一直在做這個動作了。」黃老師笑著說道。

Example 3

Evaluate $\displaystyle\int \frac{x^2\,dx}{\sqrt{9-x^2}}$

$\text{Set } x = 3\sin\theta, \quad dx = 3\cos\theta\,d\theta, \quad -\frac{\pi}{2} < \theta < \frac{\pi}{2}$

$9 - x^2 = 9 - 9\sin^2\theta = 9\cos^2\theta$

$\displaystyle\int \frac{x^2}{\sqrt{9-x^2}}\,dx = \int \frac{9\sin^2\theta \cdot 3\cos\theta}{3|\cos\theta|}\,d\theta \qquad \cos\theta > 0 \text{ on } \left(-\frac{\pi}{2}, \frac{\pi}{2}\right)$

$\displaystyle = 9\int \sin^2\theta\,d\theta = 9\int \frac{1-\cos 2\theta}{2}\,d\theta$

$\displaystyle = \frac{9}{2}\left(\theta - \frac{\sin 2\theta}{2}\right) + C$

$\displaystyle = \frac{9}{2}\theta - \frac{9}{2}\sin\theta\cos\theta + C$

$\displaystyle = \frac{9}{2}\sin^{-1}\left(\frac{x}{3}\right) - \frac{9}{2}\cdot\frac{x}{3}\cdot\frac{\sqrt{9-x^2}}{3} + C = \frac{9}{2}\sin^{-1}\left(\frac{x}{3}\right) - \frac{x}{2}\sqrt{9-x^2} + C$

利用自製的數學定理與範例投影片，在課堂上用平板實際推導，讓學生了解微積分的演算。（圖片來源：黃榮宗老師）

## Fundamental Theorem, Part 2 (The Evaluation Theorem)

微積分講義 5.4.mp4

The Fundamental Theorem of Calculus, Part 2

If $f$ is continuous over $[a, b]$ and $F$ is any antiderivative of $f$ on $[a, b]$, then

$$\int_a^b f(x)\,dx = F(b) - F(a).$$

$\text{FTC. part 1.} \Rightarrow G(x) = \int_a^x f(t)\,dt \text{ is an antiderivative of } f.$

$\text{If } F \text{ is any antiderivative of } f.$

$\text{then } F(x) = G(x) + C. \qquad C: \text{a constant.}$

$F(b) - F(a) = (G(b) + C) - (G(a) + C) = G(b) - G(a)$

$\displaystyle = \int_a^b f(t)\,dt - \int_a^a f(t)\,dt = \int_a^b f(t)\,dt = \int_a^b f(x)\,dx.$

24:19 — 47:36

透過平板上課即時錄影的內容，轉檔作為同學課後複習的影片，可以增進學生學習成效。（照片來源：黃榮宗老師）

## 將Python融入微積分教學

除了教學方式的創新，在微積分的課程內容上，今年初黃老師也接手了微積分聯合創新教學計畫的主持人，持續在聯合教學中，推動先前由數學系吳維漢老師主導的「python程式語言融入微積分」教學。這部分的課程內容，主要圍繞在吳老師架設的「中央數學/Python學習網站」進行，學生一學期有三次的微積分作業須登入繳交，數學系也於夜間開放電腦教室，有專門的助教在此為學生進行Python程式語言的授課。

聽到這裡，身為一個從未接觸過微積分的文學院學生，我不免好奇提問：「程式語言能如何和微積分扯上關係呢？」黃老師用淺白的舉例向我解釋，譬如有些積分的問題，尤其是函數的積分，是無法算出準確答案的，只能透過數值的方式來逼近。而利用Python寫程式來去做這件事情，即能有效地幫助同學來解決部分純靠手算難以得出的答案。因此為了配合程式的學習，在課程內容的設計上，黃老師接續吳老師的設計規劃，會盡可能地讓每個微積分的課程單元，都能有Python的運算範例作為對應，讓學生了解到可以怎麼運用程式語言，來作為數學運算的輔助。

對於這樣結合程式語言和數學的跨域學習方式，黃老師認為程式語言的學習是當今的趨勢，現今很多國中小的學生都已經有慢慢在往這方面開始學習，Python逐漸成為一個基礎的課程。老師也跟我分享他自己在程式語言的學習經驗：身為鄉下小孩，是直至進入大學後才第一次接觸到電腦，磁碟不知道插哪裡、鍵盤無法打很快、跟不上同學的學習進度……使年少時的他對程式學習的挫折感很重，無意將目光停留在此。而現在為了教學之用，自己也試著從基礎的語法，跟著作業去練習使用Python，雖然自身的研究領域不會用到程式，但他也從中得出趣味，願意抱持著一個更為開放的態度，來看待Python與微積分融合的跨域學習方式。「其實這只是讓同學去習慣程式的運用，只要有理解範例，題目都不難做出來，像是在出作業時我也是自己去跟著寫的。」教學亦是一

個教師自我不停的練習與成長的過程，老師有感而發：「希望透過這樣的練習，能使學生進入到程式的學習，並反過來從輔助工具的利用，幫忙他們理解微積分的課程。」

## 首創數學系專題海報成果展的舉辦

除了自己開設的課程之外，同時身兼系主任一職的黃老師，也在今年推動了數學系首次的專題海報成果展。「其實這不是我的課啦⋯⋯」老師笑著跟我說明，由於數學系從108年開始分成「數學科學」與「計算與資料科學」兩組，後者組別的學生在其大三的時候，須從「資料科學」、「數學影像處理」、「金融數學」和「計算科學」等四類主題中擇二進修學習，並於大三下學期做出一檔專題的成果。對其他理工學院的科系而言，做專題的海報成果展是很平常的事，但這在數學系一直都未曾辦過，今年是他們的第一次嘗試。「一開始我們也很擔心，畢竟這個成果展不是強迫的，若是同學不想做的話，也不能強迫同學做。因此這次，我們只有鼓勵相關課程的老師去班上跟同學說，在做專題的時候，能不能順便做一份海報⋯⋯沒想到首次開辦的成果展，居然就有達到34件作品，超乎我們的預期很多很多。」

在數學系，不少同學會對畢業出路感到擔憂，經常會發牢騷說：讀數學有什麼用？以後除了當數學老師還能幹嘛？「當我們有個實際的海報展將成果呈現出來，讓大家看到系上團隊都在做什麼，瞭解數學應用面的多元發展性，對他們而言就會比較有實感。」黃老師揚起嘴角，語帶欣慰地說道：「這次開辦成果展的嘗試，同學的反應和體驗都蠻不錯的喔！」透過這些海報作品的展示，不但能對前途迷茫的大一大二學生有鼓勵作用，同時在招生、宣傳等方面都能有正向的幫助。考量到未來職場上的會議進行，除了海報製作外還需要現場的報告，因此在下個年度，黃老師計劃讓參展的同學針對他們的作品，錄製短片來講解自己的專題成果，「好壞不管如何，總是要踏出第一步，然後我們再繼續改

數學系首次舉行的專題海報成果展。（照片來源：數學系系辦）

進就好。」黃老師相信只要學生有付出努力嘗試過，都定能從中得到收穫。

## 未來的教學規劃與期許

最後我和黃老師談到未來在教學上的打算，老師表示之後想擴增Python微積分的題庫，使學生能跟著微積分的課程一步步學習應用程式，甚至舉辦競賽來鼓勵同學跨域學習；至於微積分外的課程，預計逐步在課程中融入程式應用，譬如線性代數，它在現代許多領域都用得上，甚至包括影像處理。因此老師計畫參照Python微積分的上課模式，透過程式讓學生實際來處理影像，使他們感受到線性代數的實用性。此外如果有機會，他也想嘗試用英文授課，但考量到臺灣學生的接受度，這部分還有待規劃。

對教學抱持著無限熱情且認真面對的黃老師，向我剖析他內心對教學的真誠想法：「我個人是不會安於同一門課就這樣一直教下去，因為不做變化我會覺得很沒有成就感，我會想要去做變化……不然我幹嘛做這麼多嘗試？」在靦腆的笑容背後，是絕不輕視錯誤、不斷追求改進的嚴謹態度。

對於莘莘學子即將面臨的世代展望，黃老師期許並鼓勵大家勇於嘗試，主動探索自己想要的未來：「我覺得重點還是要同學自己去努力，去發掘他想要的東西。我無法替他決定出路，這個部分他要自己去摸索；但我是覺得，每位同學在每個階段，都是在摸索的過程，他總是會找到屬於自己的一條路。」說著這句話的黃老師，眼中散發著堅定的光芒，我想那便是老師心中不滅的教學熱忱吧！

（文／汪昱秀）

# 將心放下，理解學生差異

## 專訪太空系楊雅惠老師

老師的角色是負責去引導，老師講的一句話，就可能將學生沒想到的事物連貫在一起。

「我相信這世上沒那麼多的感同身受，但求每人都能多些理解個人差異。」

太空系楊雅惠老師，是受許多系上學生信任且喜愛的老師，時常可見門敞開的辦公室內，學生與老師悠然暢談。尚未開始採訪，楊老師就自嘲著辦公室內多樣的文件，怕是騰不出空位而妨礙相機視野，對談間更是可見楊老師的瀟灑以及對教學的真心付出，相信這就是學生為何信任，且喜愛這位溫柔的老師。

## 成為老師的夢想，堅持自己想做的領域

「我從小時候就想當老師」老師說道，然而起初卻不是以大學老師為目標，由於在國中成長階段受到啟發，使之想成為更有挑戰性的國高中老師，「如果我是這個階段的老師，我應該怎麼做？」在每一個教育現場遇到的每一個人都是不一樣的，楊老師舉例，就像不可能用一本育兒經去養小孩一樣，對老師來說，在教育現場真實發生的事情，真實感受到的，才是身為老師要用心去處理的。

好似許多於求學中碰到瓶頸的我們，老師也在讀博士班時遇上矛盾。一方面是剛好得知若修教育學程，能有機會成為小時候夢想的地理老師，另一方面，楊老師熱愛她的研究工作，當時也快到了博論的收尾階段。但計畫永遠趕不上變化，楊老師認為應當把握當下，當某個時間點走到某個岔路口，把所有考量依序一字排開，自然而然就會做出最適合當下的決定。就如同身為研究生時，雖沒能以喜歡的太陽作為研究主題，卻也因此觸及到太空科學的其它領域。也因為對太陽的熱愛，當楊老師博士畢業之後，決定給自己一個機會，嘗試自己想要的領域，即使師長苦口婆心給了很多善意的建議，楊老師仍然堅持去拓展自己想做的事情，「千萬不要放棄，只要這是你喜歡、你想做的事情」是楊老師常常跟學生說的，也是憑著這般信念、這樣的初心，一路走到了這裡。

## 即興互動，幫助學生專注

　　學生的學習成效，楊老師以「電漿物理導論」這堂課作為範例，利用課程隨堂練習取代傳統點名，並且題目會依照每堂課程的進度即興發揮，讓學生可以翻書及討論，將學生專注力拉回課堂中，而在作隨堂的過程中，楊老師會一一走看每位學生的作答情形，瞭解學生卡關之處，好做重點式的提點及講解。除了上述的主動出擊，期末評量回饋則是另一被動方式，楊老師相信當學生與老師的教學頻率吻合，一來學習效果會變更好，二來則是學生信任老師，自然就會願意找老師討論問題，成為學習的助力。

## 設計學生獨立思考、認識太空的值週報告

　　在大學部的課程中，楊老師引進了值週報告概念，起因於當時在美國參與一項太空衛星任務，一般我們會想像科學和工程各有各的實驗室主持人（Principal Investigator），但這計畫的PI需同時管理兩邊並下最終決策。當時的每週一次Group meeting，會由科學團隊回顧當週發生的太空天氣，並預期接續幾天發生的事件強度，進而提供觀測建議；而工程團隊則負責衛星的指令操作，報告目前硬碟存取量多少、酬載儀器的健康狀態如何，何時及如何調整酬載儀器，以達到科學團隊對於觀測目標的需求。楊老師希望將這樣的概念帶到課堂上，因此讓學生兩兩一組輪值，報告每週的太空天氣及太空新聞，訓練學生獨立思考，建立與課堂所學知識的關聯性，也藉由過程中與學生的對話討論，指正學生誤解之處，讓學生瞭解觀測現象背後的物理意義。

## 分段任務引導學生，進入專業研究領域

　　面對大學部學生，楊老師以引導並配合問題導向的方式，讓學生從分析資料中摸索學習，透過分段任務的進行，使學生能在彙整各階段成果後窺見全貌。以「日地環境物理」這門課來看，楊老師說道，假設讓學生以太陽風為出發點，如何一端連結到太陽產生源，另一端連結到對地球的impact？學生開始不久後，便會面臨到讀取大量太陽風資料並解決Data gap等問題，當資料順利讀取後，又該怎麼定義所謂的「高速」太陽風？以上種種都是關於科學素養的訓練。每位學生會有自己的定義方式，透過口頭報告的分享，學生能有機會互相觀摩學習，更重要的是，每位學生要將最終分析結果與課堂所學相互比對，探討有無矛盾之

為推廣太空領域至不同受眾，錄製中大磨課師影片。

處？若有，推論可能是哪個環節出錯？又該如何解釋？

　　就比如說，「給學生一盒拼圖，我會跟你說你手上拿的可能是哪一塊，你要自己去找與其它塊拼圖的連結性，把它放在對的位置上」，楊老師說道。透過讓學生自發的嘗試，不斷去反思過程中所做所為，希望能藉此引導學生進入太空科學的研究領域。

## 推廣太空科學，誘發學習興趣

　　線上教學逐漸蓬勃的現代，加上太空領域的迅速發展，楊老師也負責協助兩個線上教學計畫，分別是「教育部UST計畫——中大磨課師」以及「TSU計畫——高中微課程」。

　　中大磨課師是一線上課程，以預錄影片方式，提供學生修課。老師若有所思地談起設計此課程的難度，太空科學原則上涵蓋中高層、電離層、磁層、太陽風、太陽、太空天氣等，課程內容需盡量的廣，才得以涵蓋大部分的範疇，除了線上教材的智慧財產權問題外，更為困難的是受眾的背景知識不一，無法將教授本科系學生的課程設計直接拿來使用，再加上預錄課程無法與學生即時互動，無法瞭解學生學習狀態而作即時修正，但也因為是線上，不受時間和空間的限制，才能盡可能地推廣到社會大眾。

　　而高中的微課程是將太空科學推廣至高中端，雖然原則上是預錄，但楊老師堅持，若無法到高中實體授課，最少也要線上同步講課，即使是線上課程也堅持要有互動式的活動，來誘發學生的學習興趣，例如課前課後畫太陽、課間或課後與學生的對話和問答，這都是單純以影片撥放形式授課達不到的效果。

第一單元　電離層

第二單元　磁層

第三單元　太陽

學生兩兩合作，值週報告增進自主學習能力。

## 提點學生的引導者，有顆平視的心

在這個強調自學能力的世代，楊老師認為老師的角色是負責去引導，「教科書上的內容自己要再整理一次，融會貫通後，以更貼近學生能吸收的程度和方式來講課」，以現今開放式課程作為比較，在線上觀看的聲光效果、知識、訊息更為豐富，但老師認為以上可能都是片段的學習，實體授課是比較大方向、全觀性的，當學生自學時，或許會認為兩個獨立單元並無關聯性，但在課堂上，老師講的一句話，就可能將學生沒想到的事物連貫在一起，這是在自學上需要多花一點經歷才會達到的境界，老師引導學生對其幫助是顯著的。

對於教師的態度，楊老師也娓娓道來，「老師應該把心放在跟學生同樣的高度上，很多時候雖然沒有講台，但無形講台的高度還是在。其實在教學現場，老師的角色不是要學生去接受教的東西，而是要去感受學生感受到的東西」。除了單純的講課，可以再多想，身為老師，我是不是可以再改變什麼？再多做什麼？好引導學生可以更容易去理解去吸收。楊老師再三說著，老師要把心放下，有顆平視的心，才能真正去感受學生所感受的，也才會有機會，讓學生願意分享他們的想法與感受。

對於學生的期許，楊老師認為同學不要覺得老師說的都是對的，千萬不能到了教室內，張著嘴巴等著被餵，只要把耳朵、腦袋瓜打開聽著就好，而是要多去challenge課本和老師所述，多去思考，許多時候不同觀點不見得是錯，反而能進一步刺激不同方向的思考，產生更多不同的火花。

學生給與的正能量，教學相長

　　「學生給我很多很多的正能量，不論好的壞的，都是讓我成為更好的人」，楊老師語帶誠懇且感激，認為每一位學生都有自己的獨特性，「我相信這世上沒那麼多的感同身受，但求每人都能多些理解個人差異」。楊老師喜歡與學生互動，感受學生給老師的feedback，去理解每個人的差異性，而非只是同理心。以上種種都可見楊老師對於教學，懷抱真誠的心，對於學生，更是與之陪伴並共同成長，「很謝謝你們，願意來找我」，相信對於學生，也同樣的感激楊老師，為教學付出真心。

（文／鄭靜）

# 教育新視野中的
# 幸福追求之路
## 專訪資管系蘇坤良老師

學海無涯，但回頭不是岸。
所以要讓自己變成一塊海綿，
即使吸飽吸滿變得稍微沉重些，
還是能在浮在水面上悠游。

### 視大學時期為人生轉捩點，投入教育志業

回憶起大學時期，蘇老師表示自己深受校內自由風氣之影響，認為選課制度給了大學生很大的空間，能依據個人喜好，自主選擇將時間分配在不同標的上，加上受到不少學校教師的協助與啟發，使專業知識的取得、生活型態的建立及價值觀的塑造均有顯著成長，可謂是人生的轉捩點。求學經歷使蘇老師對擔任大學教職產生嚮往，他指出：「這份工作可以接觸到年輕的學子，感受他們的成長，是很有趣也很有意義的工作。」秉持這樣的思維，蘇老師在取得資訊工程碩士學位後，決定繼續往資訊管理領域深造，並在成為博士不久，如願以償進到大學從事教學研究工作。

### 從程式設計到演算法，教導「電腦聽得懂的語言」

考量到程式設計能力是資訊工程與資訊管理的共同基本功，蘇老師身兼這兩項專業，自然是責無旁貸，目前共開設三門與程式設計有關的課程。他談到，大一的「初階程式設計」是以熟悉指令及瞭解指令運作效果為教學目標，就像在帶領同學認識專屬於電腦領域的「語法」和「語意」，前者指的是「能讓電腦聽懂的語言」，後者則代表「能讓電腦做對事的表達方式」；大二的「資料與檔案結構」涉及記憶體和硬碟等資料儲存方面的知識，旨在教導同學認識各種資料結構的存取方式，包含程式如何提取資料、如何有效且有效率地運算，以及如何存入資料等細項。

經過大一和大二的學習，同學實際上已經掌握程式設計的基本職能，但距離成為專業的程式設計師，還有很長一段路要努力。蘇老師笑著分享道：「通常學好程式設計和資料結構，其實就可以當個程式設計師了。但這樣的設計師，很可能會經常向主管抱怨電腦太慢，跑不動程式，需要更新硬體設備。事實上，不是電腦太慢的問題，而是未經優化

的程式拖慢了電腦運作的速度。」

　　為了在有限資源下發揮程式的最大效率，減少公司頻繁更換設備的成本，想成為一名夠格的程式設計師，還必須經過演算法的學習。因此，開設給大三同學的「演算法」便是以「程式分析」作為核心能力，透過認識各式各樣的電腦問題與解決方式，學習在不同情境下判斷出最快、最節省空間的程式設計方案。蘇老師坦言，演算法是一門需要動腦的複雜課程，與設計、創意、分析等高度抽象能力有關，在實務上的重要性極高。為了盡可能將深奧的知識簡化，減輕學生上課的負擔，他也一直在思考如何將演算法教得淺顯易懂。

## 專業知識與自我覺察並重，突破填鴨式教育的囹圄

　　蘇老師談到，學生在不同年齡階段，都有專屬的重要課題：「大學生要充實基礎學科能力，了解自我性向，關心專業領域的未來趨勢；碩士生要吸收專業技能，培養動手解決問題的能力，確認就業方向；博士生要培養分析思考能力，最好還能有些創意和批判能力。」隨著歲數增長與身分轉變，學生所發展出的能力應該是「從聚焦到廣泛」、「從具體到抽象」，以保有因應市場趨勢變化的彈性，在不同職位上生存。

　　撇除知識面，蘇老師也將大學比喻為餐盤，每個人的時間就像盤子的空間一樣有限，至於如何以不同份量的課程、社團、社交、打工、休閒等活動將其填滿，並沒有一套標準答案。因此，學生價值觀培養和自我覺察的能力，皆應該在大學這段自我探尋的階段中實現。認清自己「要與不要」、「喜歡與不喜歡」也是大學生的重要任務。

　　根據近年來對學生的觀察，蘇老師發現，現在的學生普遍有無法認知學習重點、缺乏自學所需的邏輯分析能力、不清楚自己的興趣和性向而欠缺選擇能力和時間管理技能等問題。這些困難可能來自於傳統填鴨式教育的弊病，過高的知識密度和考試壓力，使大部分學生被迫以死記硬背的方式囫圇吞棗地接收課本知識，卻不懂得靈活運用。而這些現象

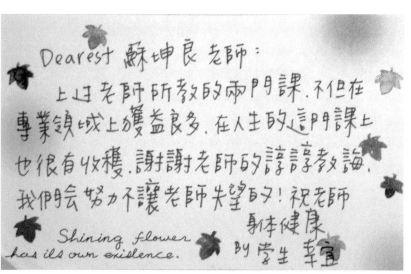

Dearest 蘇坤良 老師：
上过老師所教的兩門課，不但在
專業領域上獲益良多，在人生的這門課上
也很有收穫，謝謝老師的諄諄教誨，
我們会努力不讓老師失望的！祝老師
身体健康
Shining flower
has its own existence.
By 學生 幸宜

學生在蘇老師的課堂之中，不僅收穫了專業知識，更是在人生課題上獲得良方。

則有賴於實踐素養導向教學方法來加以改善，就此而言，創新教學法就是一套很有用的工具。

## 動畫呈現程式運作過程，開拓演算法「我學即我見」創新教學模式

以「演算法」課程為例，該課程要求學生研究程式的有效性和效能。在前者的教學上，通常透過傳統教科書展示程式內容，輔以概念解說，讓學生領略其運作過程及結果，以達到有效性的驗證；後者則必須經由複雜的數學推導，才能獲得時間複雜度的分析。因此，同學們對於演算法觀念論述的清晰度及邏輯能力，皆會影響學習成效。

蘇老師分享，由於過去授課多以抽象電腦指令為主，使學生對每一行程式的運作效果容易淪於想像，一旦稍有細節未能完全理解，就會在環環相扣的程式碼中迷失，無法正確掌握程式的功能。此時若能適當採用動畫講解運作概念，或以圖解說明演算法每個步驟所造成的資料暫態，並實際比較不同程式在完成時間上的差異，就可以避免部分同學因

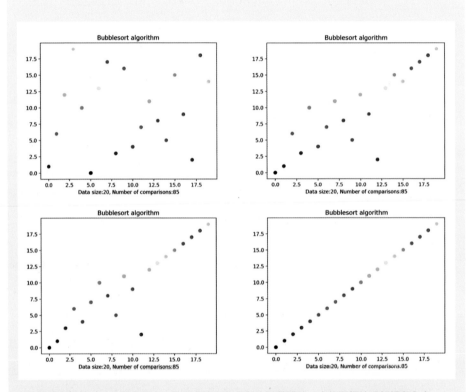

利用動畫呈現演算法的運作概念，使學生擁有最直觀的視覺體驗，也能更好地理解課程內容。

較為欠缺邏輯推演或數學分析能力所形成的學習障礙，有望降低課程參與門檻，提升學習興趣。實測結果也顯示，此類直覺化的動畫法學習方式，對於課程參與度與學習成效都有顯著的正向影響。

## 將「線上作業繳交系統」改造成一對一家教，實現數位輔助學習

程式設計猶如在一片荒野上開拓通往山頂的道路，容許一定程度的開放，能自由規劃屬於自己的路徑。是以，每個人因為個人思維邏輯、學習背景、生長環境上的差異，所遭遇到的錯誤和障礙也幾乎不同。此時，最好的方式是安排一位家教，依照學生所設計的程式，指出語法、語意錯誤所在及原因，並在執行順序安排方面給予建議與提醒。然而，有鑑於教學現場人力不足，目前的資源尚無法提供如此學習環境。幾經思索後，蘇老師決定親自設計一套「程式作業線上繳交系統」，讓學生能夠瀏覽批閱意見，即時比對程式中所出現的錯誤以及正確用法，藉以實現類似的功能。

「高互動性」是蘇老師所採取的主要教學策略。首先，他會在課程中觀察同學們臉上的「迷濛指數」，初步判斷課程內容被有效接收的比例，蘇老師說：「當感覺迷濛指數變高時，我會嘗試隨著課程進行，不時丟出問題及獎勵，誘導他們說出想法，然後再給出解答。」如此一來，迷濛中的同學能夠再次檢視自己的卡關位置和原因；內向不發言的同學也能印證自己的理解是否正確。當同學們能夠發覺「其實我也會」時，成就感和學習動機便會悄然而生。

此外，「課後作業與課前回顧」也有助於同學們承上啟下，分別作為對前一週課程的自我檢驗和本週課程的開頭，快速回顧學習重點，能夠喚醒學生記憶，也能夠用來檢視學習成效。

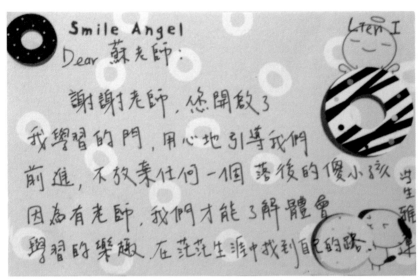

蘇老師在學習路途上用心引導每一位學生，讓他們感受到學習的樂趣，找到屬於自己的方向。

## 在變化多端的資訊領域，培養學生獨立思考與找尋幸福的能力

從事多年教學工作的蘇老師，在談到關於教學理念的時候，引述了現任哈佛大學校長德魯・福斯特於2017年新生入學典禮上的致詞內容：「大學教育最重要的目標就是確保畢業的學生能分辨有人在胡說八道。」他點出大學教育應該讓學生具備自主學習和吸收知識的能力，才能保持獨立思考，以實事求是的精神區別正確且具有價值的資訊，以免在資訊爆炸的後真相時代中隨波逐流。

其次，蘇老師也認為教育的本質在於是在引領莘莘學子們探尋幸福。此一觀點和目前學界教育專家不謀而合。如現任北一女校長陳智源在2023年畢業典禮上曾說過：「高中教育的重要目標是確保畢業學生能擁有追求幸福的能力。」元智大學學務長劉俞志教授也提到：「教育是為了要讓更多的人得到幸福。」在與全人教育重視整體、關聯、平衡的內涵相互印證後，蘇老師更加堅信「教育創造幸福」。

　　然而，資訊技術是更迭很快的專業，學生畢業以後想在未來30-40年的職涯中生存，需要不斷學習，精進自我，始能不落人後。尤其近年來區塊鏈、虛擬貨幣的熱潮才剛經過，馬上又面臨到ChatGPT、Midjourney等人工智慧程式的華麗登場，使資訊領域的發展趨勢更加變化莫測。

　　為此，蘇老師經常勉勵同學：「學海無涯，但回頭不是岸。既然你回不了頭，如果還堅持當個滴水不進的石頭，只會一直往下沉。所以要讓自己變成一塊海綿，即使吸飽吸滿變得稍微沉重些，還是能在浮在水面上悠游。」這番話的目的，不外乎以詼諧的方式提點「生存大不易」的沉重，其中的海綿象徵著求知欲，同時也代表永無止盡的學習態度。人生沒有後悔藥，既然選擇進入資訊領域，就要做好迎向一波波技術新浪潮，依然能幸福衝浪的準備。

（文／吳昀臻）

# 合作與討論課程

不同的分組合作可提升討論深度，或讓不同專長學生互補。
合作分組若加上情境與角色扮演，
在故事中學生會自然而然的進入合作與競爭的狀態，
並由授課老師適當講評，可增進教學成效。

網路學習研究所
**吳穎沺**老師

通訊系
**許獻聰**老師

太遙中心
**張中白**老師

電機系
**陳聿廣**老師

大氣系
**鍾高陞**老師

企管系
**黃承祖**老師

經濟系
**黃麗璇**老師

# 教育的背包客，
# 學習經驗的設計師
## 專訪網路學習研究所吳穎沺老師

過去我們沒有那樣的學習經驗，可是我要去反思的是現在的學生需要的是什麼，雖然以前沒有被那樣教過或學習過，但是我要勇敢的去嘗試，提供學生一個環境和機會去做這樣的學習。

*如果我們用昨天的方法來教今天的學生，*
*我們就剝奪了他們的未來。*

——約翰·杜威

數理教育出身的吳老師，在從事教職的路上，在網路開始發展的時候，就開始去思考如何將網路與學習結合，並在課堂中實踐。當年就讀研究所的他，受到當時指導教授的啟發，接觸到國外學習的思維模式與風氣，於是開始思考自己有沒有更多的可能性，毅然決然辭去小學老師的工作，全心投入教育研究，慢慢走入科學、教育、工程等等跨領域的高等教育。吳老師認為，現今學生面臨變化速度極快的世代，如果一直用自己第一年教書的方法教學生，那就是害了未來的他們。因此，教學創新必須由學生的角度出發：「他未來要成為社會的人才，那未來的社會需要什麼樣的人才，他需要什麼樣的能力，我們要在這個過程中，讓他們能夠適應不斷更新的環境。」

## 設計思考，如何解決問題？

在設計思考的這門課中，吳老師並不是直接開始說明甚麼是設計思考？設計思考怎麼做？而是先拋給學生一個問題，例如：重新設計一台購物車。「然後我們就會開始去觀察每一組，他們怎麼解，他們怎麼討論，然後怎麼設計構成。」老師提到一個很有趣的方法，他讓學生利用便利貼討論，同一組內的每個人有不同顏色的便利貼，將自己規劃的設計步驟一張一張寫完後貼出來，再與同學們比較，安排順序，看看大家的想法有沒有異同之處，「小組裡面我們共同解決的問題，可是我們有意識到我們的步驟是不太一樣。」此時，如果將自己組貼滿便利貼的海報與其他組交換，又會發現更多不一樣的想法。

下個階段，吳老師會讓學生看看設計思考的專家們是怎麼合作解決同一個問題的，「我們讓他解決問題的經驗，然後他自己有了這個經驗

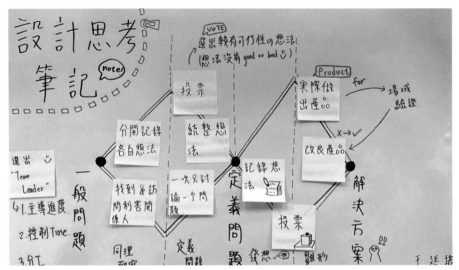
在課堂中，學生通過不斷學習、改變，製作出屬於自己的設計思考筆記。

同學們利用不同顏色的便利貼，在課堂中討論、激盪出合作的火花。

之後，我們再來讓他反思他們的解決問題的經驗跟專家有什麼不一樣，你要知道你跟專家有什麼不一樣，你才有辦法越來越像專家，所以學習是一種改變，我們讓學生自己看到自己跟專家的差異，還有，後面我們會讓他看到改變，接著就讓他錯，從做中學，然後才開始做設計思考筆記。」透過這樣子的學習過程，不斷去優化、提升自己的想法與作品。

此外，吳老師還特別說明便利貼的好處，「如果不用便利貼，你的想法會受到限制，第一個人講的時候，你的想法就會被他牽著走，你可能會不好意思講，可是如果你先把你的想法寫在一個便利貼上，你在遇到有類似想法的時候，將手中已經寫好的便利貼，貼到同樣內容的下面，然後換下一個人發言。」就像出牌一樣，如此一來，學生就能更勇敢地提出自己的看法，不用怕比別人晚想到，或是與別人撞想法，是一個集體合作的好辦法。

吳老師強調，「一個老師，他要是一個很好的觀察者，因為你要時時瞭解學生現在的學習狀態。」他將老師比喻為人類學家，在學生之中觀察與臨機應變「當你的學生有很多人都出現問號，眼睛都充滿了問號，你就知道你講的他們聽不懂。」此外，老師透過學生小組的對話可以感受到他們的理解程度，因此，老師必須在課堂中做一個敏銳的觀察家，從面部表情與討論對話，得知目前的課程難度，學生是否能夠負荷，能不能跟上討論。

> 我們並不是直接從經驗中學習，
> 而是透過對於經驗的反思來學習。
>
> ——約翰·杜威

吳老師利用fb等社群平台，讓學生在上面發表學習心得與反思，或是小組的階段報告進度回報，讓大家互相學習與觀摩。他說，不要讓學生認為那是作業，而是「分享」，透過跟別人互相學習，你分享給別人，你也看得到別人怎麼想，達到交流的目的，也能更精進自己，藉由

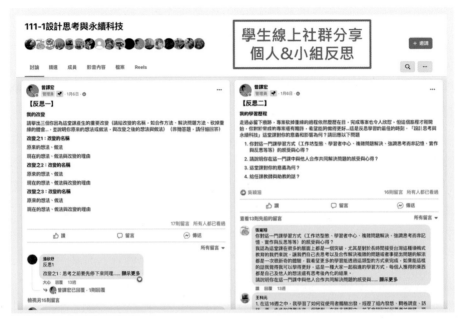

在社群平台上，讓學生互相學習、分享看法。

反思，清楚自己的改變。

## 是Learning？還是Being taught？

談到翻轉教育，吳老師提起一個重要概念：「教室裡面是學生在學？還是老師在教？」他說，「當你感受到自己一直被灌輸的時候，那是being taught；而學習則是自己主動，由自己產生一個什麼樣的學習動機或者是一個想法，然後主動去尋求資源，簡單來說，就是我讓老師來協助或引導我的學習。」

「我常講一件事情是，過去我們沒有那樣的學習經驗，可是我要去反思的是現在的學生需要的是什麼，雖然我以前沒有被那樣教過或學習過，但是我要勇敢的去嘗試，提供學生一個環境、一個機會去做這樣的學習。」

　　吳老師以理論的課程為例，每週先讓學生預習內容，並在fb上寫下「摘要、問題、思考」，問題是指自己看不懂的部分，思考則是看完這些內容之後，自己有沒有多想了一些東西。而在三個小時的課堂之中，利用小組進行分享，第一個小時，每個人在組內的海報上寫下自己認為的重點，「第一個小時結束了之後，每個人去看你組內其他人的重點，跟自己有寫到一樣的，你們就拿一條線把它們連起來。」在這個過程裡面大家就可以互相討論，看看彼此理解的內容與詮釋方法是不是相同的，同時也可以向老師發問，老師也可以藉機發現有什麼東西是學生沒看到的。最後的第三小時，如果學生沒有問老師問題，老師便會向學生提問，並再次幫大家摘要與總結重點。

　　吳老師提到，翻轉教學的重點是預習，現行的教育方式是老師講完學生回家複習，總共三個步驟，先教、再學、不懂再問，「翻轉就是把這整個過程反過來，等於是說你不會，老師就是專門把你教到會，而且只需要兩個步驟就好了。所以，如果聰明，要懂得利用老師，事實上就是先預習，然後老師一邊講的時候你就可以發問，更快地搞懂，更加的節省時間。」

## 引導突破舒適圈

　　吳老師的課程有許多需要學生發表自己想法或是小組討論的環節，在學期開始時，老師會先講課程方式等等內容說明完整，讓學生清楚這門課的進行方式，問起吳老師：「有沒有學生聽完這些內容後，沒有被勸退、想要繼續待這裡，但是他想不出東西？」吳老師很肯定地說「不會，所有的想法都是好的想法，所有的想法都是發展出來的，然後我們用小組合作，你一開始你沒有想法，可是你可以根據別人的想法再去做創新，每個人一定都能在小組裡面有所貢獻。」他說，creation和innovation不一樣，雖然creation真的比較有難度，但是可以先從innovation做起，所以，「只要學生願意學，怎麼去引導他就是老師的

吳老師在課堂中鼓勵學生練習溝通與表達自我。

課題。」

　　他鼓勵學生突破自我，「有時候我們常會覺得自己做不到，我的學生有時候也會覺得他們做不出來，我會跟他講，你沒有辦法相信你自己的時候，你就要相信我。我說可以就代表可以，因為我帶過很多學生，老師看得到他們的潛能，透過適當引導，他們未來真的做得到。」在課堂學習的過程中，透過一次又一次的發表練習、小組建立與磨合，不斷地讓他成長，不斷地讓他去突破自己，「當他要突破自己舒適圈時，那就是一種掙扎。」吳老師說這就類似於「能階躍遷」，一旦你跳上去了，你就會維持在那樣的水準。

## 學習經驗設計師，與學習旅程的背包客

　　「我們塑造的是這個課堂裡面，當你大部分學生都想學的時候，

吳老師將自己喻為學習經驗設計師，由學生的角度出發，設計學習活動。

本來沒有那麼想學的學生，他會被吸引，他也知道他應該要學習，那就是他在那個文化裡面，被環境的影響。」吳老師說，老師要把自己當成是「學習經驗設計師」，教學設計就是一種「學習經驗設計」，在進行「學習經驗設計」時，必須基於學生的能力與已有的生活經驗，設定學習目標，然後去設計學習活動，「而教學設計最重要的就是課堂中學習文化的設計，包含讓學生透過什麼樣的學習活動，參與到這樣的文化裡，而讓學習者慢慢產生改變，接著再讓學習者透過反思察覺到自己改變了。」

如果將學習比喻成旅行，跟著旅行團走著別人幫你安排好的行程，就好像我們從小到大的那種被餵養的學習方式，「旅行應該在過程產生意義與價值，」吳老師說自己與學生都像是背包客，「你去旅行你有一個大方向，可是你真的不確定當中的每一件事，那每件事你都要自己去安排，然後你會遇到很多的困難。你可能在這中間你有機會跟別人結伴

吳老師同時也是探索如何教學的背包客，在教學與學習的道路上不斷前行。

而行，你有可能有機會去問比較有經驗的人，可是你會在這裡面發現你是主體，不會有別人來幫你安排好一切。」在求知的道路上，吳老師希望學生成為學習的背包客，讓學生在課堂上的學習有背包客的體驗，往後的路途上，遇到困難，能夠擁

有找到屬於自己的解決辦法的能力。

　　吳老師說，自己也是教育的背包客，不斷去探索與嘗試新的教學模式，在如今多元的教學環境下，吳老師希望學生能夠擁有許多不同的體驗，「教學、教學，老師在教學的過程也在學習。每多去做一件事情，多盡一份努力，就會幫學生或對自己保留多一點的可能性。」透過引導，激起學生的學習興趣，然後讓學生享受這整個過程，吳老師說，在現在，只要想學習，都不會受到時間或空間的限制，他期望學生能保持自主學習的習慣，擁有主體性與批判思考的能力，即使以後從學校畢業，也是一個學習的自主者。在學習的旅途中，當個背包客，有路大步向前走，沒路就自闢一條小徑，在學習的路上看見與欣賞沿途的亮麗風景。

（文／吳昀臻）

# 網路資訊世界的擺渡人
## 通訊系許獻聰老師專訪

願意花時間，一定會看到成果。
所以，同學不需要覺得自己能力行不行，
這個不是重點；
而是要不要，這才是核心。

通訊工程學系的許獻聰老師，其實原先志業是想要走IC領域，以當工程師為目標，而非走網路通訊的領域。後來在研究所時，因緣際會之下，轉而投身在網路通訊，至今已將近三十年。許老師長期認為，網路的更迭與發展是未來重要的趨勢，加上科技的便利及資訊的易取得性，每個人更應該要把握學習的機會，特別是在大學時好好管理時間，善用資源，達到所謂的「無痛學習」，充實並精進自己，這也是許老師在課堂中不斷鼓勵學生所做的事情。

## 「演唱會」規格的上課模式

一般過去的傳統課堂上，都是以「單向」的方式傳授知識，也就是老師單方面授予學生課程知識內容，但無法知道學生在這章節中是否理解。但是，在許老師的課堂上，老師是以「演唱會」的方式進行授課。許老師幽默的笑道：「演唱會中，那些歌手只要一說些什麼，台下觀眾就即時反應。台上說『好不好？』，台下馬上說『好』。」因此，所謂課堂中「演唱會」的規格，意思是指台下能即時給予台上老師反映。老師特別強調，即時回饋其實對於授課非常重要，可以讓台上老師知道該如何調整課程內容，所以許老師特別借鑒演唱會的方式，希望能讓學生能夠嘗試回答。

許老師以通訊軟體Line來舉例。許老師言道，網路是一個黑盒子，對於傳訊息者該如何知道對方有看到訊息，最直接的方法就是出現「已讀」。也就是說，受方必須要有回饋，授方才知道受方看到訊息了。同理，許老師認為，既然網路世代已經演進到從單向傳輸變成雙向互動的模式，在課堂上也該順勢演化成雙向互動，知道學生的學習狀況，許老師在課堂上也會透過「引導式」的方式，來對學生授課。

許老師認為，將演唱會的互動模式帶到課堂上，其實最主要的是希望學生能夠對於任何事情有主見，並且透過論辯的互動基礎，進而追求知識的真理。在課堂上，其實很常看到學生對於問題無動於衷，而許

許獻聰老師鼓勵學生把握時間，
並善用資源學習。

老師會嘗試將問題用不同的方式，讓學生去思考並回饋，當問題沒有一定標準答案時，會讓學生試著提出見解，即使答錯也不要緊，重點在於先破除學生的心理障礙，也希望學生能夠漸漸培養自己的主見。如果問答成效不佳，老師也會換方式，讓學生也能夠理解老師問題內容，進而表達意見。久而久之這樣的方式，會使學生從被動回答漸漸轉為主動，並且成為一種「反應」，而這樣的反應一定得靠老師在課堂上的不斷引導。許老師透過這樣的方式進行課堂教學互動，學生也漸漸的能對課程內容有所回饋，在學習上的反應及成效也明顯提升，這樣子的互動模式，是許老師在教學的路上秉持的目標。

## 點、線、面的知識串聯及引導

　　對於許老師而言，這樣的引導式的問答方式，可以即時有所回饋，而學生的回答，對學生本身來說是十分重要的能力表現。在這樣的互動模式下，許老師在知識的傳授過程中，也有一套方式。許老師表示，由於網路世界的內容太多，而且科技的日益更新，裡面牽涉到技術，勢必得要帶給學生更多的內容，所以在課堂上，許老師也坦承自己的語速是偏快的。之所以如此，是希望學生跟著老師的思路走，而老師會在相關的內容中，不斷的重複知識，久而久之學生會知道老師的講述模式。透過這樣的方式，老師從一開始的知識「點」，不斷地串聯許多知識，並且重複成「線」，最後將整個知識統合成「面」，一環扣著一環的方式進行知識傳授，並且搭配課堂引導問答的方式，在一來一往的過程中，學生也會漸漸地了解課堂的知識內容，並嘗試解決現有的問題。

　　許老師說：「對我而言，老師的角色，就是我如何把一件事情，解釋地清楚透徹，並且是有條理的，可以讓學生理解。」在許老師的課堂上，會從四面八方的各個維度，讓學生看同一件事情，讓學生了解這事情存在的價值。許老師也特別強調，不管是複雜的知識或事情，要嘗試簡單做；簡單的事情則要重複去做。網路科技雖然不斷變化，但是技術本質不變，當學生在這樣的上課方式學習之後，能夠用現有知識，應對現有問題，並找出方法去改善或解決，這種能力除了是課堂所需，也是業界強調的能力，以解決問題導向為目標。也因此，許老師曾經做過一個實驗，讓全班共同做一套系統，讓他們在有一定知識背景下，並且是經過一連串的邏輯思考訓練後，讓他們一起共同完成。很明顯地，可以在這活動中，看到部分的人是可以利用先備知識，以應對不同的問題，接著想辦法去解決，以達成目標。所以，在許老師長時間教學之下，利用點線面的教學方式，學生是可以理解的，並且不會排斥大量的資訊輸入，漸漸地學生的能力也有所增長。

## 大量閱讀，精準搜索

　　許老師在大學部開設的課程，包含「資料結構」及「網路概論」等課程，這些都是屬於基礎課程。特別的是「網路概論」，內容包山包海，雖然課程名稱是「概論」，但許老師認為，如果真的只是當作概論進行教學，那會失去這堂課的意義。而這些基礎課程的訓練，將會幫助學生建立一定的知識，並且應對問題，可以有解決問題的觀察力與實踐力。因此，這些課程中，教材除了原本的教科書之外，許老師也會補充許多內容，並且以深入淺出的方式，讓學生易於理解。而網路是「進行式」的產物，無時無刻不在變化，如何讓學生學過一次之後，將來能用一輩子，這是一門學問。為了讓學生能夠知道科技的不斷變化，不管是大學部或是研究所課程，老師會在上課時，條列相關的重要「關鍵字」，在該堂課結束後，能夠讓學生回去上網搜尋關鍵字，並且閱讀內容的技術細節，閱讀過程並不需背誦，即使忘記，在不同地方看過三次，讓學生對於相關資訊有一定印象，印象建立，內容就會慢慢記住，即使記不住，也知道如何利用精準關鍵字搜尋出來，以理解原理與想法為主。這個過程會持續做，目的在於有機會讓學生習慣看大量資訊，而這正是「大量閱讀」，老師的初衷是希望學生能夠看得比教科書內容更多，以得到更多技術與知識內涵。

　　大量閱讀，閱讀的內容必須是有用的資訊，再加上網路上的資訊真假難辨，所以老師會在事後，提供解說技術詳盡且正確的網站，讓學生對照並核對資訊內容，甚至許老師會讓學生利用ChatGPT進行二次確認，活用網路科技，此則為「精準搜索」。先讓學生閱讀，接著再透過

許獻聰老師在課堂上多利用圖形、範例等,幫助學生記憶。

精準收斂,長時間下來,學生的學習曲線會明顯上升。特別的是,科技技術是一個競爭力強的領域,許老師也希望學生能夠紮實該有的知識與技術,養成「大量閱讀」的習慣,並且學會「精準搜索」,增加學生對於知識的深度與廣度,期望學生能在該領域中能夠漸漸開竅,也建立對於網路領域的學習信心及自信。

資訊不斷擴張，許獻聰老師在上課時會大量補充內容。

## 調整心態，肯下功夫

　　許老師認為，學生應該要好好思考如何規劃時間。因為在大學之前，從國小到高中期間，都是按表操課，每天生活規律，但是一到大學之後，整個時間都讓學生自我規劃，也看到學生常常是照著前人或同學怎麼生活，就跟著如何生活。許老師表示，每天課程時間大約八小時，一週五天，課跟課之間的空堂，可以用來預習複習課業，或是行有餘力，可以多多利用開放式教學平台學習；此外，也鼓勵學生參加社團，或是在週末時間去做自己喜歡的事情，培養自己的興趣。否則，四年八個學期，浪費的時間將是十分可觀的。如果願意在黃金歲月之間，肯花時間充實自己，甚至是跨領域，在課業或興趣上找到自己的樂趣，知道

自己該做什麼，這也算是一種無痛學習的範疇，也希望學生未來在回頭看大學時，能夠覺得不後悔。

　　許老師表示：「願意花時間，一定會看到成果。所以，同學不需要覺得自己能力行不行，這個不是重點；而是要不要，這才是核心。」既然學生願意來學校學習，學生也該在學習的過程中調整心態。特別是來中央的各位，希望學生們也不要自怨自艾，不要覺得自己的能力不如其他人，只要願意肯花時間下功夫，調整自己的學習心態，總有一天也是會在各個領域之中開花結果。許老師長期以來，都期許自己能夠幫助學生「開竅」，對於許老師而言：「我的工作，就是幫助學生開竅。其實學生就是早開竅，晚開竅而已，同學們都十分地聰明，沒有學不會，只是怕學生沒有那個企圖心，或不願意嘗試，這就可惜了。」在偌大的網路領域之下，許老師如同擺渡人，在網路科技的海洋中默默搖著船槳，期許學生能夠有所啟發，培養紮實的知識與能力，帶領著學生，應對日新月異的科技領域。

（文／林祥麒）

# 攀一座知識高峰
## 太遙中心張中白老師專訪

「學習與教學，都要看事情的核心，不是表面。」

「學生的動機，他想要了，這才是核心價值。

他就會自己去找、去學，而且學得很好。」

　　佇在桌前，環顧四周櫃子裡擺放著蒐集來的公仔模型和環遊世界的戰利品，「坐呀，別拘束，放輕鬆！」童心未眠的地科學者張中白老師在一旁熱切地招呼著。學習就好比爬山，登頂的過程往往辛苦，但過了山，眼界就開闊了。訪談中，我循著張老師的人生故事，攀了一座又一座的「高山」。

## 夢想是幸福，等待是人生

　　當年聯考填科系時抱持著對「地球科學」的幻想，用張中白老師自己的話說是：「好像可以到處跑！」他笑說讀地科與自己的背景、性格有密切的關係。生長在臺東，張老師的年少時期是在大山大海裡度過的，「填志願都是用刪去法，比較按部就班的人適合工程，但我喜歡科學，因為可以異想天開、天馬行空地去想像。」進入成功大學地球科學系，老師坦言對一開始的基本科目，比如背石頭原文名稱、化學式，錯一個字可能就是「下學期重來」的礦物學不完全感興趣，甚至有點悶，直到升上高年級出野外探勘才漸漸找到對地科的熱情，從而慶幸過去兩年的努力不白費。

　　張中白老師近年的研究主題聚焦是川藏地區與喜馬拉雅山的地質變化。經由印度學生引介，老師將帶著新科技與當地村民合作，共寫臺灣地質研究新篇章。喜馬拉雅山高大雄偉，此地區一直以來都是地科學家做研究的兵家必爭之地，是每位地質學家心理的一座「高峰」（如圖一）。「沒有前面的基本訓練，後面探索的路便無法長遠，凡事都需要『等待』和『契機』，而我是非常幸運的。」因為就在他大學高年級逐漸愛上出野外探勘、找到地科熱情所在的同時，他遇上一位生命中的「恩師」。這位老師是來自比利時魯汶大學的客座教授，每個週末都會和學生開讀書會，除了吸收課堂以外的地科新知獲得啟發；在知識之外，教授談話間分享的外國見聞、生活與文化使張老師對出國留學有了嚮往，卻也多了兩年猶豫。

張老師攝於西藏地區做地質研究時。

　　那是1980、1990年代經濟起飛的臺灣，剛起步的「新竹科學園區」製造半導體需要大量的非金屬原料，而地科系學生所擅長的「礦石」便是其一。「那是一張入場券。如果我留在臺灣繼續讀研究所，然後進竹科上班，現在的我也不會去到世界那麼多地方。」但做選擇需要適才適性，張老師認為這沒有好壞，也替自己和當年的老同學高興。當時身邊大部分的同學都選擇在臺灣升學，進入科技業就職，而他呢？「大學畢業我去考了預官，以為當兩年兵會想清楚，沒想到竟然不夠！」回來後，張老師在科博館遇見一位學長，經學長建議先去做研究助理，看看自己適不適合走學術。那些日子，無論是跟著教授出野外探

勘，或是獨自一人在實驗室裡待上整天，張老師認為自己研究做得得心應手並熱在其中，之後報考臺大地質所，一邊讀碩士，一邊準備公費留學考試。

「我留法的關係，所以有時候在課堂上講英語還沒有法語流利。」張老師笑說。

巴黎大學在法國「六八學運」後拆分成巴黎一至七大。如果說巴黎六大是張中白老師鑽研學問之處；那麼學問之外，受當地的人文風情、哲思薰陶才是影響張老師人格最多的地方。旅法多年，老師對法國文學如數家珍，也曾翻譯過簡短的法文小說，訪談當天，張中白老師對法語信手拈來，一句雨果名言和他對此句的詮釋，直至撰文當下回想起仍使我驚艷：「臺灣步調較快不喜歡等待，但法國人是擅等待的。Rêver, c'est le bonheur；attendre, c'est la vie. 意思是：夢想是幸福，等待是人生。多數人只聽過後面那句c'est la vie，往往忽略了雨果對等待是有前提的，是夢想。人生的夢想需要等待，而且值得等待。」這是老師對追夢所下的註解，亦是他的人生寫照。

## 創造「想要」的契機

當我問起老師的另外一項專業「太空遙測（Remote Sensing）」，那又是個充滿驚奇的小故事。太空遙測早期僅用於探照都市和森林土地面積的變化，直到1990年代初，一位年輕法國地科學家與NASA合作將此技術應用於某次加州地震過後，拍下地球第一張人造衛星看到的地表變形照片。這項技術突破震驚學界，「太空遙測」對張老師來說也是很大的吸引力，因為當時國內尚未開始使用太遙來監測地質變化，而地質變化相對快的臺灣是非常好的量測試驗場。於是，張中白老師學成歸國後，第一個執教鞭的地方，就是中央大學。那時的中大太遙中心有水文、都市和大氣遙測，而沒有地表遙測，正好讓張老師發揮所長，也在

時任地球科學系系主任馬國鳳教授邀請下，張老師合聘到了地科系任教。

　　回首求學和教學生涯，在創造夢想與等待之前，張中白老師認為教師最重要的是任務是要去給學生了解未來有哪些可能，而非單純傳授知識而已；他稱之為「契機」，正如同當年在客座學者家裡加開讀書會的那些下午。那麼「契機」何來？以張老師來説便是和學生分享自己的故事和見聞，「分享在外面世界看到的、聽到的、學到的東西，讓學生知道世界的世界事實上是很大的，充滿無限的可能。重要的是，製造誘因讓學生想要學。」他以「釣魚説」和我比喻：「以前的老師常言道，與其給他魚，不如教他釣魚；但到了現在，我只要讓學生『想』釣魚，他就會自己想方設法學釣魚、找魚釣。」張老師之所以這麼説是因為有感於數十年來的環境變化。對比現在教起課來的從容和成熟，投身教學的前十年，張老師以嚴格聞名。地科系必修課一班五十人學期結束被當了三分之一，隔年回來再教，班上變成超過修課人數的六十七人。「年輕老師有時候會比較嚴格，這不是『通病』，而是因為我們在剛開始做知識傳遞時會求好心切、有較高的責任心和抱負，對學生期望也會相對高。後來，我常跟年輕老師分享，教學就是要把你認為重要的交給他。」

　　隨著教學時間愈長，張老師認為不同世代的學生有不同的價值觀，也會有隨之相應的學習方式，他以自己年紀尚小的姪女為例：對比自己花費大把時間研究智慧型手機，使用起來卻不得其門而入的情況，姪女卻在沒有讀過説明書，只順手把玩幾下便抓到了使用訣竅。「當知識可大量從網路上去查找存取的時候，我們不需要再耗費大把時間去背誦。記憶的確幫助在當下看到的時候做出聯想，不是不重要，但更重要的是融會貫通，對工作學習領域的融會貫通，所以我不會讓學生去『背』。」因此，張中白老師的課程設計中主要以「問題討論」作為課程導向，結合時事或當前熱門的科幻電影，在課程中拋出他精心設計

對張老師而言，啟發學生的學習動機是他教學的首要任務。

的問題，與學生進行深度的分析與小組討論，比如在「行星地質學」課上，張老師曾問學生：「全球暖化會產生很多影響，然而並非全然是害處。哪些人？那些地方的人、在哪些時機，會是全球暖化的受惠者？」、「假想臺灣是尚未開發的島嶼，而你是國土規劃者。在毋需考慮花費的情況下，你要如何以最新的科技知識讓島上的居民擁有良好且永續的經濟與環境？」、「以科學角度評論電影『永恆族』劇情」。

　　「學習與教學，都要看事情的核心，不是表面。」張老師語重心長地說，而我進一步詢問甚麼是老師所謂的「核心價值」時，他答道：「學生的動機。他想要了，這才是核心價值。他就會自己去找、去學，而且學得很好。」

## 永續的家園，人人的使命

　　張中白老師指出2016年簽署之《巴黎氣候協議》的確有效控制了

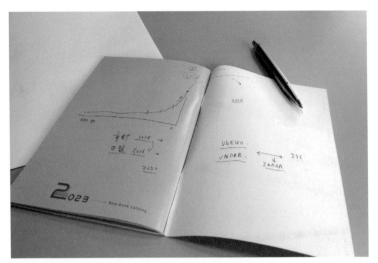

訪談中，張老師畫出簽署氣候議定書後對全球氣溫上升影響的變化圖。

張老師擔任我國駐法國科技組長期間，攝於聯合國教科文組織（UNESCO）總部。合影者為本校地科系馬國鳳教授（現任中研院地球所特聘研究員）。

全球氣溫上升的趨勢，國際合作的力量不容小覷。張中白老師自2017年派駐法國擔任臺灣駐法的科技組組長，一年多前回至中大任教。五年外派與世界各國學人共同商討地球永續議題，老師期盼能代表臺灣為永續的家園盡一份心力。共創永續家園的使命不僅限於開發中國家，資源較多的先進世界更要主動幫忙，即使臺灣尚未成為協議中的一份子，但我們仍有責任去保護地球。張老師認為地科人有責任去正視這些問題，地球環境惡劣，資源的減少與濫用使下一個世代面臨更惡劣的環境。張老師認為大部分的孩子在知識有限的現階段尚未能體認到這份責任的重要，而教師應該要盡早去讓學生了解。因此，近幾年張老師會在授課內容中更加著重地球永續議題的探討，這是早前未有的。「我可以告訴學生地球有多廣大、多無奇不有，去激起他們想探索世界、上山下海的興趣。但凡事都有兩面，有歡樂的，也有不好的。環境議題上不應該只是指責過去的人們，每一代人類都有責任要去改變，就像跑大隊接力。」說時，張老師眼裡放著充滿希望的光亮。

（文／林依潔）

# 讓學生開心走出課堂
## 專訪企管系黃承祖老師

把沉悶的專業課程與同學生活經驗裡的影視娛樂做連結，
能讓他們有「老師是自己人」的感受，
進而就會願意把注意力放在課堂上。

親和力十足、敘事有條理又淺白易懂，是企業管理學系黃承祖老師予人的第一印象。來到中央大學服務即將邁入第九個年頭，因上課風趣而廣受學生好評的黃老師，早已不是第一次獲頒校級的教學傑出與優良獎。秉持著「因材施教」的教育原則，致力於營造愉快的課堂環境，讓學生願意主動提問與投入課程，這便是黃老師授課成功的不二法門。

## 隨機應變的多元教學法

「企管系主要培養的是未來企業的領導人才。在課程方面，你可以想像它就是小管院，所以同學其實六個管理領域都要學到，而我所負責的是財務和會計的部分。」以淺明的比喻簡潔地道出企管系的學習內容以及自身的教學領域，黃老師首先快速地破除了我對管院科系「傻傻分不清」的迷糊印象，接著再娓娓道出他所教授的課程內容。

在財務方面，黃老師分別開設有大二必修的「財務管理」與大四選修的「財務報表分析」，這兩門課程的不同之處在於：「財務管理」是財務領域的基礎課程，主要會教導學生當公司面臨到與資金運用及規劃的相關問題時，身為企業的經理人可以怎麼去下決策；而「財務報表分析」則是更進一步地帶領同學解讀公司的財務報表。由於在課程中會面臨到不少的計算，為避免學生誤解財務都只是在計算而已，在教學的規劃上，黃老師採取自編講義的方式，結合真實發生的案例做說明，一方面「說故事」可引起學生的興趣並加深印象；同時也能藉由過去的實例讓同學知曉，目前所學的財管課程未來在職場上的可應用面。

至於會計的部分，黃老師有教授大一必修的「會計學」和大三必選修的「成本會計」、「管理會計」。不同於會計系以「編制報表」為主要學習目的，企管系的會計課程較注重於以管理者的身份，能對公司在營運流程及賬務收支方面的運作有基本概念。以生產產品為例：企業管理者必須對產品的生產成本有所了解、知道產品製作的原物料花費，這樣才能延伸出之後對於產品定價的決策。想當然耳，資訊量紮實的會計

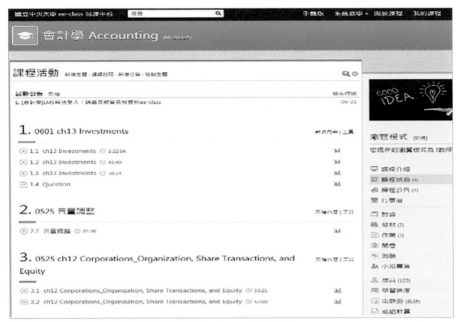

黃老師會上傳「會計學」的課程影片至校內的線上平台，提供學生進行無時空限制的學習管道。

課程，對企管系的學生而言經常會有枯燥難以融入、繁瑣不易掌握的困擾。因此為了讓同學對會計領域有個初步的接受度，黃老師在課程中引入個案分析，使學生透過分析實際企業案例的形式，消弭對成本會計的恐懼，並進而對它產生興趣；另外黃老師也會以EverCam軟體錄製會計學的數位教材上傳至學校的ee-class平台，提供同學不受時間場域限制的學習機會。

除了開設上述的兩種管理領域課程，黃老師也有參與「企業資源規劃」合授課程，教授SAP ERP系統中的FI（財會作業流程）、CO（成本控制管理）模組的程式技術運用。黃老師向我解釋說道：SAP ERP是一套能即時整合公司內部的業務流程、便於管理者快速掌握公司狀況的資源規劃軟體。在傳統的公司營運上，各部門獨立作業，無法知曉其他部門的業務狀況，但這會導致一個缺點──因缺乏即時且經整合過的全面

性資訊，以致於管理者在做決策時未能充分掌握企業狀況，而無法做出最適調整。因此透由跨越所有企業領域的SAP ERP系統模組的訓練，能幫助學生在將來步入職場時，可以比較快速地掌握企業的運作；又SAP ERP系統的培訓為中央管院的特色學程，在其他學校難有這項軟體的學習機會，故特別的軟體應用技能可使學生在未來就業上，更具有競爭力。

## 時時有笑聲的迷人課堂

為了吸引學生投入課程、增加課堂學習的活潑性，黃老師會適時地在教學單元間穿插寓教於樂的小遊戲。以「證券投資分析」課程為例，在介紹到投資策略時，黃老師會讓學生分組進行模擬投資競賽，透過事先的機率設定來隨機抽樣，看誰能成為股神巴菲特。在模擬的投資競賽中，有人會大賺一筆、也有人會落到傾家蕩產的地步，但透由遊戲的體驗刺激，實際嘗試以操盤者的身份做投資決策，無論成敗於否，往往都能給學生帶來深刻的印象。最後再於遊戲結束時「乘勝追擊」，告訴同學遊戲設計的意涵、背後想傳遞的資訊為何，和傳統的教授方式相比，經過遊戲的親身體驗，學生更能掌握到老師想給予的知識內容，同時也會提升對於該課堂的關注度與參與度。

除了以遊戲的形式吸引學生投入課堂，黃老師也會以知名影視角色為個案範例，或相關情境之趣味影片來導入課程。以「理財規劃實務」課程中的「退休規劃」單元為例，黃老師在此處就用偶像劇《小資女孩向前衝》主角沈杏仁的人生規劃作為個案分析對象，藉由逗趣的介紹開場，接著再引進該單元的課程。「把沉悶的專業課程與同學生活經驗裡的影視娛樂做連結，能讓他們有『老師是自己人』的感受，進而就會願意把注意力放在課堂上。」雖然用遊戲或電視劇情作為切入點，能有效引導學生進入課堂；卻也表示在課程之餘，黃老師需投入更多的精力來設計創新的教學素材，但為了能使學生學得開心、學得有興趣，黃老師

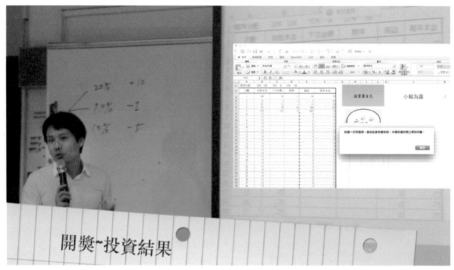

模擬投資競賽的活動畫面。

# 財務管理(公司理財)=?

• 江瀚興沖沖和羅雨儂談到她花費 1,500 萬元 大手筆修繕飯店內部棟樑陳設的想法。羅雨 儂連忙問說：「可是，_____」

同學能夠幫忙填寫 ____ 裡的文句嗎?

「財務管理」課程的自編教材投影片。化用影視作品的劇情「說故事」與教學內容相結合，以引導學生將注意力放在課堂上。

認為一切辛勞都是值得的。

## 時刻關心學生的學習狀況

於課堂的教學之外，黃老師也在企管系舉辦「管理創意微電影競賽」，希冀透由微電影的拍攝，使大一學生能對自己將來要學習的方向有所認識。對此我不免好奇：怎麼會想到以「微電影」來作為競賽的形式呢？難不成黃老師在影像方面也有所鑽研？黃老師笑著和我說明道，其實微電影競賽在過去是以高年級為參賽對象，讓同學用微電影來統整他們在經過四年的學習後，心中對企管系的了解。然而，在黃老師接任大一導師後，他發現企管系有個不可忽視的問題存在——大一學生的轉系人數有上升的趨勢。進一步究其問題的發生背景，黃老師認為這可能和學生甫從高中進入大學，在對企管系認知不深的情況下，就聽到「企管系學的範圍太廣、不專精」等流言蜚語相關，誤以為企管的學習對他將來就業幫助不大，而產生轉系的念頭。

因此為了幫助大一學生認識企管系，黃老師重拾過去面向高年級的「管理創意微電影競賽」，轉換競賽「回顧」的寓意成「探索」，希望新生能透由與師長的訪談、高年級學長姐的經驗分享，加深對自己未來四年學習內容的認識，並於了解之後，進一步找回對企管的熱忱。黃老師表示：由師長的角度直接去和學生勸導，他們不一定願意聽進去；反過來藉由競賽讓學生主動發問、探索，自主尋找並解決心中不甚了解的疑問，可以有效減少大一學生對未來茫無頭緒的慌亂感。分析競賽前後的問卷反饋，有八成的學生認為微電影競賽有助於增進對企管系認知；而願意向學弟妹推薦、希望未來繼續舉辦競賽的比例更是高達九成六，良好的結果數據讓黃老師倍感欣慰。

「管理創意微電影競賽」的活動畫面。多數學生認為透過微電影，有助於他們更加了解企管系。

## 讓學生期待上課的到來

「不會才要來學！雖然在學習的過程中，他可能會失敗、無法一時就掌握知識，但我們應該要盡量提供同學第二、第三次的機會，讓他盡量去嘗試；不要讓同學們失去了願意嘗試的動機。」從課堂教學到課外競賽，黃老師皆強調要站在學生的角度來思考「什麼才是他們需要的」，而非只是根據老師自身的主觀經驗，將「我覺得你需要」的知識內容強加在學生身上。黃老師認為，對於長期浸淫在學術界的老師們來說，因為對自己的教學領域已經過於熟悉，經常會依直覺判斷「學生應該具備某某知識的概念、我不需要太多解釋」，可是對學生而言未必如此。

「同學來學校上課，一定是因為『不會』才需要受到老師的教導，不要讓他們因為一點小小的挫折就完全放棄了。」抱持著「以學生為中心」的教育理念，黃老師時常會提醒自己：要對學生多有耐心、多關心他們，盡量包容同學們所犯的錯誤。「我希望能做到讓同學不抗拒上課、不抗拒進到教室來學習，並在上完課後得到他想要的東西，很開心地走出課堂。」這是黃老師在教學上持續追求的目標願景。

（文／汪昱秀）

合作與討論課程

# 換位思考，
做個有溫度的人
## 經濟系黃麗璇老師專訪

老師希望同學從中習得的不只是知識，還有待人處事之道，也就是學會尊重他人的意見。從「換位思考」開始，讓同學透過各式案例分析，去試著轉換角色立場的練習。

「要攝影呀！沒有特別整理入鏡可以嗎？」黃麗璇老師一面說，一面移動放置在書桌上滿滿的書和論文筆記。除了研究用書，牆面上、窗戶旁還掛著各式各樣的飛機塗鴉和小模型，「都是孩子的，他們從小就喜歡這個。」老師笑著說，語氣中多了一種母愛的溫柔。執教三十年，黃老師無論在講台上或私底下都是這麼一位誨人不倦又體貼入微的溫暖師長。

## 因為了解，所以在乎

「我們那個年代可不像現在，對著電腦輸入關鍵字，嘩啦！各式各樣的資料馬上出現，是要上圖書館的，一本本期刊一頁頁翻。」秉持對知識探求的高自我要求，就讀經濟系的黃麗璇老師在大學時期即養成「泡」圖書館的習慣。「我算是幸運的，即便剛進大學還不曉得未來要做甚麼，但至少我很喜歡經濟的所學，尤其是經濟學原理探討人如何做決策時，將抽象的思維過程化作圖表，社會現象竟然能用看圖說故事解釋清楚！」黃老師大三那年暑假選擇繼續升學。直至完成碩士學位，原先認為碩士畢業後即可開展獨立研究，但有感於面對高深的經濟學知識能力仍有限；於是，順著自己無盡的求知欲，黃老師就這麼鑽研到了現在。

我請黃老師為求學階段下個註解，她毫不猶豫地答道：「了解自己。這樣你才知道你為何而活、為了甚麼奮鬥。如果無法充分了解自己，不是不行，但會過得比較辛苦。」黃老師以經濟學觀點做論證：「了解自己」意味著了解自己的「行為模式」。一生中我們無時無刻都在做決策，而做選擇也就是去極大化效益（maximize your utility），如果不了解自己，那麼就不會有足夠的「資料庫（information set）」去做最好的選擇。假使不然，則「資料庫」就可能是不足的，做出來的選擇就未必是好的，那頂多只是在所蒐集的資料庫裡頭，盡力去極大化效益後所得最好的結果，但對你未必是最好的結果。因此，黃老師認為大

黃老師認為自經濟學
觀念中領略的待人處
事之道是一輩子受用
無窮的。

學階段最重要的事情就是將自己的觸角延伸到各個方面,去多加嘗試,
擴建屬於「自己的資料庫」。要如何幫助學生結合經濟學的所學,應用
在日常生活之中,並且更充分地了解自己,這是老師想帶給同學的:
「很多時候,我們做決定是不知不覺的,但事後分析總會驚覺自己原來
很在乎某樣事情。這種『分析』不限於經濟學,而是受用一生的,也是
我希望同學能夠帶著走的能力。」

　　黃麗璇老師的研究重點在於「人口經濟學」、「勞動經濟學」與
「教育經濟學」,三者均與社會發展有切實緊密的關係。觀察了這幾年
面對現下快速變化的時代,跨領域、斜槓、T型人才成為趨勢,黃老師
認為這可從世代變化去追溯,所謂「趨勢」都是其來有自。現在千禧世
代的孩子大部分都是由四至六年級生的父母撫養,後者雖然生長在較艱
困的年代,但他們也經歷了臺灣經濟情況最好的時候,故普遍而言,是
最具經濟能力去養兒育女的一代父母;加上生養的孩子少,所以有最豐
富的資源供給孩子在年紀尚小時就去接觸各式各樣的才藝、促進潛能。
比方說,從申請入學的資料上來看,同學的申請科系便跨了一至三類
組,課外表現力也令人驚艷,有些同學甚至會不只一樣樂器,參與的活

動更是玲瑯滿目。如果將它發展成一種技能，斜槓人才也會學得較快，因應快速變化的世代會表現得更好。

　　黃老師覺得斜槓或許辛苦，但人生本來就有很多能決定，和無法決定的部分，每個世代都有它的特性。「成績重要，尤其是你不知道自己要做甚麼的時候，成績有它的重要性，因為它至少能夠維持你的一定專業，以後進可攻退可守。可是，它不是最重要的。所以，在大學的時候透過各式各樣不同的方法去多了解自己。但不要過於重視成績，老師不會以成績待同學。」黃老師語重心長地說，學習始終是了解自己的一門好途徑，只要願意嘗試，開始了解也就會去在乎。

## 將所學融入生活

　　「我其實是不大會講笑話的人」黃老師苦笑，談起曾面臨過的教學瓶頸，她坦言道：「必修與選修不同，必修有一定的課程架構，但選修就可以比較靈活，有時也會加入自己做研究時的發現。但是，當年教統計和計量時卻發現課堂氣氛不大好帶，不比教經濟學原理時每個環節都關乎人如何做決策，每個點都有故事可說，談政策也有切身的感受。統計與計量就不是，有好多功夫要扎穩，內容相對較乏味。」因此，那時候黃老師想到的解方是在簡報裡插入笑話，好引起大家上課的興致；而現在教學三十年的黃老師，上起課來自有一套流程。每堂課前會製作一份Google Form表單，裡頭的問題或社論都是要學生思考的當週授課內容，她會先請同學將想法打在表單，帶到課程中討論。同學們一番辯論與老師的講授觀念理論後，「同學們的想法通常在課前課後會有很大的不同，他們會明白原先以為的『常識』或者是『印象』與實際上經歷了分析與論證過後所得出的結論是有很大差別的。」

　　在黃老師的課程中探討的問題總是循序漸進的，從生活中的小例子開始，延伸至大如國際貿易的課題；比如講到「價格限制」一節，她會以中央大學同學外宿租屋作為引子，假如政府頒布大學生租屋優惠，讓

# 附錄 1　課程設計的 Google form 學習單案例

## 一、舉例#1---政府價格管制措施：對市場均衡與社會福祉的影響

閱項 1：如果這學期你沒申請到宿舍，必須到校外租屋，租屋時你會考慮哪些因素？請寫三個因素。

閱項 2：如果你住在學校附近，是個可能將房子出租的人。你決定是否將房子出租的考量為何？請寫三種考量。

閱項 3：你是否贊成桃園市政府設定大學校園附近的房屋出租價格的上限，譬如，每月不得高於3500元？why？or why not？

閱項 4：你認為政府設定加班費與加班時數的規定對於勞工的可能影響為何？請寫兩種可能的影響。

摘錄學生填答的 Google 閱項作業如下：

課前透過google form學習單的問題收集，黃老師帶領同學課堂討論，增進學生思辯問題與解決問題的能力。（資料來源：黃麗璇（2023）。多元教學模式之設計──以經濟學課程為例。教學實踐研究。doi:10.7007/JSoTL.202309/PP.0004）

學生分別從租客和房東的角度去設想，租金設定上限時會碰到的情況，以及政策執行面可能碰到的困難；接著將問題延伸至國際貿易的進出口限制。比如：美國是國際貿易的受益者還是受害者？農民是國際貿易的受益者還是受害者？科技產業呢？最後，帶入國際貿易理論，從各式角度去談「價格限制」。

「臺灣以貿易立國，但近年來我發現同學的『國際觀』並不很足夠，所以我也會在課堂討論中加入國外的數據以及時事，讓同學與臺灣做比較，而找社論通常是備課中最花心力的地方。」對黃老師而言，與其說是一篇「好」社論，不如稱之為「恰當的」社論，也就是一篇符合這門課學生程度，論述內容也能掌握到此議題在不同階段之種種因素的影響；而這也是黃老師對學生進行分析時的期望。幾年前，黃老師申請了教學實踐計畫，在與評審老師們交流過後，決定在財金系大一經濟學必修課中加入「PPT競賽」，讓同學自行挑選一篇社論內容或者是同學自己感興趣的主題，以課堂所學去製作一份有全面分析的簡報，讓同學們在期末選出最受歡迎的報告前三名。從疫情下的椰果供需市場到美國中製太陽能板關稅政策，同學的主題琳瑯滿目，當孩子們去探討自己有想法、真正關注的主題時，黃老師覺得適時放手也會獲得意想不到的成果。

## 老師的私房話時間

黃麗璇老師認為作為大學教授，接收到的學生已是一個個「半成品」，也就是幾乎要定型的小大人；因此，這階段的人格的教育格外重要。她會以經濟學的方法和學生舉例，社會上其實有很多看不到的、有先天缺陷的人，他們的預算限制（budget constraint）其實是比坐在台下聽課的同學多的，做好一件事需要的時間更多；希望學生能做個溫暖的人，在逐漸變強大的同時去照顧社會上有需要的人。「沒人有辦法做出真正完美的決定，都是在具有某些constraint（限制）底下做出來的。如

## 消費者消費習慣改變：

由於日常採購的食材(生活必需品)價格上漲，民眾除了轉向購買更便宜的替代品外，同時也會減少購買手搖飲料這類的非必要食品，這會使得手搖飲料的需求下降

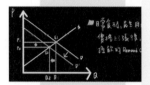

Demand Curve向左移(減少): D→D'
造成: 手搖飲料的
Equilibrium price下降 P1 → P2
Equilibrium quantity下降 Q1 → Q2

## 物價的僵固性 (Sticky Prices)

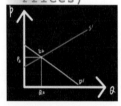

因為物價具有僵固性，也就是說，即使未來手搖飲料的原物料價格下降，飲料店業者也不會調降售價，反而會讓售價固定在新的均衡價格(上一張PPT所產生的新equilibrium)

相較以往，新的均衡價格和數量分別在，P1和Q2

## 影響亞洲來台旅客之購物力因素 －以107年為例

經濟二 108707503 施宛伶
經濟三 108409514 易品妍
經濟三 108707002 陳玟璇

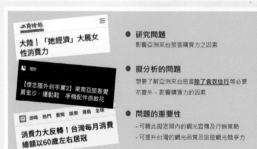

● 研究問題
　影響亞洲來台旅客購買力之因素

● 擬分析的問題
　想要了解亞洲來台旅客除了食衣住行等必要花費外，影響購買力的因素

● 問題的重要性
　- 可藉此擬定國內的觀光宣傳及行銷策略
　- 可提升台灣的觀光品質及旅遊觀光競爭力

透過「PPT競賽」讓學生從自身興趣出發的探索問題，每每都帶給黃老師驚喜。（資料來源：圖一、二為財金系林祐宣同學作業；圖三、四為經濟系施宛伶、易品妍、陳玟璇同學作業。）

果你覺得自己做的決定是幾經思考過後最能夠極大化效益的，那麼別人何嘗不是？」經濟學是一門研究人類行為決策的科學，但黃老師希望同學從中習得的不只是知識，還有待人處事之道，也就是學會尊重他人的意見。從「換位思考」開始，讓同學透過各式案例分析，去試著轉換角色立場的練習。訪談間，黃老師和我說的這些話都是每個學期最後一堂課只要時間許可，她與同學們講的心裡「私房話」。

　　「與同學分享私房話最印象深刻的是，有些時候當我環視台下發現有同學在啜泣，私房話講進了他們心坎兒裡去。」黃老師的私房話時常提及與原生家庭的關係，都是從老師過往自己的經驗與觀察中有感而發的體會。上大學首次離家後，同學會時常回過頭來反思自己與家庭的關係。每個家庭都有一本難唸的經，而老師認為與家庭的衝突往往始於「嚴以律人，寬以待己」，尤其是對自己毫無保留的心態。「畢竟家人的經歷背景都已然包含在他們做選擇的information set裡面，或是他們沒有再經歷新的東西，或是他們接受的東西跟你不一樣。可是，這就是他們認為自己所做出來最好的選擇，所以你也應該尊重他們，去做溝通，而非強迫他人改變。」己所不欲，勿施予人，每一代人選擇都不同，去尊重別人，換位思考的溝通方式會使社會更和諧。關照他者，理性溝通，不忘做個有溫度的人，黃老師提醒著我們。

（文／林依潔）

# 如何學習——
## 通往未來的萬能鑰匙
### 專訪電機系陳聿廣老師

我教你方法、教你實現的過程，然後你要在實現的過程裡面自己去體會、去改版，最後變成一個適合你自己的學習步驟，一旦你有了目標，你就可以一直一直往下走。

自小就喜歡自己組裝電腦的電機系陳聿廣老師，時常跑去自家樓下的維修店請人指點迷津，在高中時擔任資訊研究社的教學幹部，大學時擔任系學會的教學股長、暑期營隊的教學。

## 走上教職之路

「教學很好玩的地方，是在於你要怎麼樣把你學好或是知道的東西用很簡單、而且別人聽得懂的方式去傳達給別人，讓別人也可以瞭解你目前現在的想法，或是你現在在做的東西到底是什麼。」陳老師說這是一份有點難度的挑戰，而他也很沉浸在「要如何才能讓別人聽懂」的過程之中。

「那時候我們那邊的流行就是台積電或聯發科選一個，你畢業完之後就到某個公司去上班，年薪就比別人高一點，然後你上了十幾年班之後看能不能買一套房子，在二十年之後，是不是能夠退休，去開雞排店。」碩士班的陳老師，看著身邊同學的人生規劃，想著自己能不能夠走出一條不一樣的路。幸運的是，在碩士班第一年的下半年，成功投稿一個研討會，能夠有機會赴日本東京進行報告，「當時是老師幫我出旅費，然後我的責任就是好好地把我的研究報告完整，而在過程之中又可以交到許多國外的朋友。」陳老師開玩笑地說，「然後我就在想要怎麼延續這種可以一直出國看看的模式」，看著老師辦公室，擺滿玻璃櫃中琳瑯滿目的城市杯，似乎能夠感受到那種找到走入學界動機的樂趣，他也很鼓勵學生有機會就到國外看看，感受一下與臺灣不一樣的事物。

## 我為什麼要學？

「電機系的學生主要學習三電一工，常常會有學生疑惑自己為什麼要學寫程式？」陳老師開設大一必修的「計算機概論」分成正課和實習課，相傳是電機系大一學生的噩夢之一，「我會在課程中讓他們看到學

習程式設計，對於他們的其他課程是有幫助的，並透過實習課動手做來親身體會。」陳老師透過課程設計，加強實習課與正課之間的連結，並在練習的題目加入「數位系統導論」、「微積分」、「普通物理」等等電機系大一必修的內容，讓學生知道自己所學可以有怎樣的應用。「正課班這禮拜教的東西下禮拜就一定會在實習課出現。所以你有一個禮拜時間可以去把它消化完，然後把它搞定。也就是說，在正課班聽到的理論，你實習課一定可以練手。」因此，陳老師常常與學生說，計概一定要同時修習正課與實習課，不但可以更熟悉課程內容，也能在每一週的學習中不斷碰撞自己的想法。

關於教學難度的配置，陳老師在幾年的觀察之下得出一些心得，每週的實習課會有四道題目，兩年前，這四道題目都是非常困難的魔王題，他發現許多學生都敗在這裡，覺得生無可戀，對程式學習失去興趣。後來，從時任副教務長鄭國興老師那得到一些新的想法，一是要讓學生知道「難不等於煩」，在學習程式的過程中，除了邏輯思考與基本語法能力之外，很重要的一點是要耐得住不停思考、不斷修正的考驗，「有些題目並不是很難，它只是很煩。」因此要能夠讓學生辨別難題與煩題的差異。二是要讓學生獲得成就感，「這有點像說，你把一群人丟去北極，他們其實在北極那邊要活下來就很難了，所以他們並不會有很富有的文化發展，那你如果把人丟在兩河流域，那邊基本上環境也 ok，水源也充足，那他們可以衍伸出很多屬於他們自己的文化。」陳老師說，這讓他意識到不能把學生逼得太緊，雖然這也

是為了能夠幫助他們盡快建立基礎能力，激發潛能，但同時也限縮了他們自行思考的時間與發揮的空間。因此，在後來的課程安排，陳老師做了大幅度的改動，「我們把它改成，第一題跟課本類似，用來建立大家自信心；第二題跟第三題你會需要對課程一定程度的瞭解，才能做得出來；最後第四題還是一樣，需要讓他們有一些挑戰。」而這樣策略性的改革，也讓他更容易掌握學生的學習狀況。

## 行走的勵志故事

問起陳老師是如何應對不同程度的學生，除了調整課程難度，找到其中的平衡點之外，他會邀請前段的學生參加一些額外的競賽，提供他們更大的舞台去發揮。像是去年，陳老師就成功召集了一批課堂表現突出的大一學生，利用一學期的時間進行訓練，參加CAD Contest並取得第一名的佳績。而後段比較跟不上課程的學生，「我就邀他們來聊天，輕鬆一點，吃飯的時候帶便當來。」陳老師笑道，他會盡量問出學生的學習困難以及需要的幫助，一個一個對症下藥。另一方面，對於在學習方面較難提起興趣的學生，「我的人生態度就是，要嘛不要做，要嘛就做到100分」，他常告訴學生，「當你今天決定要做的時候，你一定要花力氣下去。一旦花力氣下去你做60分的沒有意義啊，只有pass而已，你沒有得到一個自信心，你覺得你好像沒有做好，但又花了時間下去，最後又沒玩到，那幹嘛那麼痛苦？」陳老師說的100分，並不是與他人的競爭，而是自己付出的全心全力，只要比昨天的自己更進步一點，那就是好的結果。

「遇到那種只想拿60分的學生，我都會拿我自己的歷史跟他講。」談到過往的陳老師語出驚人地表示，「其實我大一的時候很愛玩，我參加了五個社團、兩個系隊。當時，讀書時間被課餘活動完全佔據，隨之而來的後果便是成績一落千丈，甚至一度到達谷底。後來呢，就意識到不對了。」陳老師說，資工系大三有三大主修，基本上這三科修過了推

9/1~新 時間規劃，屏摒細列出哪個時段要完成哪個項目，並確保留彈性空間。

| 日 | 一 | 二 | 三 | 四 | 五 | 六 |
|---|---|---|---|---|---|---|
| 國文作文表達存 | 上課 | 教 ch1~ch3 / 教 ch3~ch5 / 某物數學 | 計概 ch1~15 / 計概 ch16 / 上課 | 教 ch3~ch6 / 教學 ch6~ch11 / 上課 | 上課 | 英文假 / 某物數學 英文假 / 某物數學 |
| 通識本對稱 / 通識環討論 / 通識智 | 微積分 ch1~ch3 / 微積分 ch3~ch6 / 某物數學 | 上課 | 上課 | 上課 | 程式實作 / 計概 ch.1~ch4 | 微積分 / 某物數學 某物數學 / 教學 某物智 |
| 英物 ch1~ch3 / 某物 ch3~ch6 / 計概假 / 計概假 | 線代 ch1~ch4 / 線代 ch3~ch6 / 某物 ch.1~ch.3 / 某物 ch3~ch5 | 教 明力 某物 社團 | 程式實作 | 國文閱讀 / 國文閱讀 / 英文假 / 英文假 | |

陳老師將每週的時間分割成小區塊，制定計畫檢視自己的時間安排，並確切執行。

甄就沒問題。秉持著不想考試，想推甄上研究所信念的陳老師開始發憤圖強，花了很大的力氣拚搏一把，終於在大三這年拿到系上的書卷獎，成功翻盤。「你的人生路一直混的話其實是很可惜，你有很多潛力，但這樣混過去，其實是看不到的。那你何不嘗試一次，就是看看自己能夠做到什麼樣的程度。」陳老師言語間透露出「想當年」的感慨，他很希望學生能夠看見自己的可能，少走一點彎路。

「這麼多年觀察下來，學生最常抱怨的就是時間不夠。」陳老師分享了他當年翻盤的重要武器——時間規劃，「先把自己的課表排上去」，他建議學生把自己的剩餘時間以一到兩小時為單位，切割成一個一個block，「當你發現你的時間被社團和休閒娛樂塞滿的時候，代表你根本沒辦法唸書；而你如果突然擁有一段空閒卻不知道做什麼的時候，就是你沒有做好規劃。」他把週末下午的留白當作每週的獎勵或是彈性時段，鼓勵自己按照計畫唸書，陳老師笑說：「如果當年早點開始規劃，就可以讓自己每天早點去睡覺。」如此詳細的時間安排，制定計畫並確切執行，就是陳老師當年成功翻身的秘訣。

「我在大學裡面學到很重要的一件事情，其實不是那些知識，講白了一點就是，你在十年後，跟你現在學到的東西，是不是還是這樣，我都不知道。反而是怎麼去讓你的學習可以在你的掌控之下，才是你終身可以受用。」陳老師強調，除了學習必要的技能讓工作順利進行，更重

要的是學到學習的方法，日後才能與時俱進，找出屬於自己的模式。

## 花最多時間去想，花少點時間coding，花最少時間debug

　　由於多年在教學現場的經驗，使得陳老師發現有些問題需要由課程設計、教材建制以及師生經營的關係等等方面做一些修改，讓學生可以學習得比較快樂。他在程式學習的課程中導入PBL問題導向式的學習，「PBL有一塊的重點就是我會先給你一個問題或是一個情境，然後讓你可以思考，之後你才進行學習目標的建立。」陳老師表示他每學期的第一堂課都會先幫學生建立自主學習的觀念，使學生了解這門課的學習與教學方式，「然後再來呢？你在過程裡面，你要進行自我導向式的研讀，也就是說每個人他所需要的知識或他所需要學習的新的東西是不一樣的，所以我們希望可以做到這種客製化，然後來增進新的知識或是舊有知識的複習。」

　　陳老師提到兩大重點，一是大部分學生會以為自主學習是放生式學習，「自主學習應該是我要帶著你教你怎麼樣自學的一個方法，然後我把方法教完之後，你要能夠作為自己的練習。」而另一個重點則是培養事情解決問題的能力，「整個大學裡面最重要的能力，其實就是how to learn」陳老師說，當你遇到問題的時候，你要能夠知道從哪裡尋找資源去解決它。

　　在課程規劃中，陳老師安排階段性的學習，每學期分成三個階段「第一階段，我會很完整的告訴你這個自主學習要怎麼做，然後第二次基本上就半放牛吃草，第三次我就全放牛吃草。」每個階段以六週為規劃，第一週先釋出題目，「我在放這個題目的時候其實我是還沒教學的，就是他們都還不知道要解決這個問題到底需要哪些能力。」這時候的學生要依照老師提供的文獻資料去預習，讓自己有最基礎的觀念。而到了第二週，陳老師會給出完成這個作業需要到的知識，讓學生去思考下一步要如何進行。「第三週的時候，我們就會談得很細了，我們就會

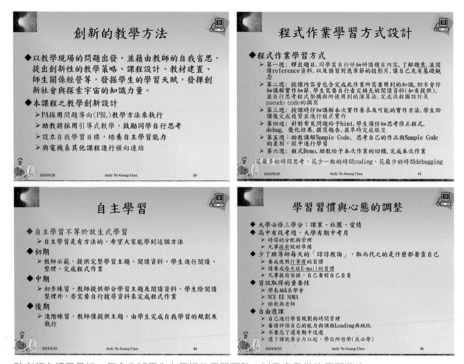

陳老師在課程最初，便會告訴學生本學期的學習要點，以及應具備的學習態度。

告訴你說，作業要求到底是什麼？可能的實現方法是什麼？」陳老師強調此時並不是對答案，而是學生已經有了自己的解方之後，根據老師的教學一步步去優化自己的想法。第四週，老師會在課堂上提出過往學生常遇到的問題，或是統整學生反饋的疑問，幫助大家解決過程中遇到的困難。

在作業完成繳交的第五週，老師會讓助教來講解助教寫的範本，不過這也不是提供正確答案，而是讓學生觀摩助教寫的程式與自己有什麼異同之處，進一步去學習、優化。「第六週我們要做的就是所謂的程式demo，學生來助教辦公室，一對一，讓學生去展示他的code，講解他的code怎麼寫，然後助教直接給意見」

這樣的學習不但可以幫助老師了解學生的作業是不是真的自己完

成，還可以讓學生透過助教的引導，清楚自己在整個思考與建構的過程中，有沒有不完善之處或是可以改進的地方，以便更好的面對將來的各種問題與挑戰。

而如此的課程安排，更可以讓陳老師翻轉一般學生對於程式學習的觀念，把修正的精力放到思考的時間上：「花最多時間去想，花少點時間coding，花最少時間debug」這是陳老師希望學生達到的學習目標。

## 其實我花了四年的時間建立了一個強大的助教團隊

在自主學習的過程之中，陳老師非常歡迎，也非常鼓勵學生發問，「很多學生會擔心自己的問題深度不夠，就會不敢問。」他說，我們歡迎蠢問題，但不歡迎沒做過功課的問題，也就是說，只要你有經過思考而提出的問題，即使乍看之下很簡單，老師還是非常樂於解決你的困

透過助教的引導，學生可以更順利地思考自己所寫的內容是否完善。

陳老師與助教們討論教學事項與學生的學習狀況。

當成功debug時,學生能夠從中獲得成就感。

難。提到引導式教學，「當我的助教很累」陳老師笑說，「當你有問題你舉手問助教說哪裡錯的時候，助教不會告訴你，哪怕助教第一眼就看到這裡錯，絕對不會告訴你。」助教會做的事情是引導你去找到這個錯誤，「助教會告訴你說，所以你看你現在這樣做，那在某種情況開始發生的時候，會是怎麼樣的狀況呢？你想一下，然後告訴助教，助教坐在旁邊等他，想想了之後他就要跟助教講，如果選的答案偏離了，助教就會拉回來，告訴他真正在處理的時候，他會是怎麼樣跑？」在引導的過程之中，讓學生自己發現錯誤的地方，學習整個debug的過程。

## 導入Online 學習

陳老師在課程之中導入Online Judge，讓學生可以在上面做題目的

| Status | Problem | Submit By | Time | Memory | Language | andyygchen |
|---|---|---|---|---|---|---|
| ✕ 24 Wrong Answer | ⟳ Rejudge | P111015. Lab 4.3: Velocity | | 4ms | 320 KiB | C++ 11 | 4 months ago |
| ✕ 24 Wrong Answer | ⟳ Rejudge | P111015. Lab 4.3: Velocity | | 4ms | 320 KiB | C++ 11 | 4 months ago |
| ✕ 12 Wrong Answer | ⟳ Rejudge | P111015. Lab 4.3: Velocity | | 3ms | 408 KiB | C++ 11 | 4 months ago |
| ✕ 12 Wrong Answer | ⟳ Rejudge | P111015. Lab 4.3: Velocity | | 4ms | 320 KiB | C++ 11 | 4 months ago |
| ✕ 0 Wrong Answer | ⟳ Rejudge | P111015. Lab 4.3: Velocity | | 4ms | 276 KiB | C++ 11 | 4 months ago |
| ✕ 0 Wrong Answer | ⟳ Rejudge | P111015. Lab 4.3: Velocity | | 4ms | 404 KiB | C++ 11 | 4 months ago |
| ✕ 0 Wrong Answer | ⟳ Rejudge | P111015. Lab 4.3: Velocity | | 4ms | 344 KiB | C++ 11 | 4 months ago |
| ✕ 0 Wrong Answer | ⟳ Rejudge | P111015. Lab 4.3: Velocity | | 4ms | 404 KiB | C++ 11 | 4 months ago |
| ✓ 20 Accepted | ⟳ Rejudge | P111012. Lab 3.4: Estimating Investment Profits | | 4ms | 404 KiB | C++ 11 | 4 months ago |
| ✓ 20 Accepted | ⟳ Rejudge | P111012. Lab 3.4: Estimating Investment Profits | | 4ms | 404 KiB | C++ 11 | 4 months ago |
| ✓ 30 Accepted | ⟳ Rejudge | P111011. Lab 3.3: Maximum Static (Frictional) Force | | 4ms | 376 KiB | C++ 11 | 4 months ago |
| ✓ 30 Accepted | ⟳ Rejudge | P111011. Lab 3.3: Maximum Static (Frictional) Force | | 4ms | 404 KiB | C++ 98 | 4 months ago |
| ✕ 0 Wrong Answer | ⟳ Rejudge | P111011. Lab 3.3: Maximum Static (Frictional) Force | | 4ms | 324 KiB | C++ 11 | 4 months ago |
| ✓ 20 Accepted | ⟳ Rejudge | P111008. Lab 2.4: Perpendicular Vector in 2D Cartesian Coordi... | | 4ms | 404 KiB | C++ 11 | 4 months ago |
| ✕ 8 Wrong Answer | ⟳ Rejudge | P111008. Lab 2.4: Perpendicular Vector in 2D Cartesian Coordi... | | 3ms | 404 KiB | C++ 11 | 4 months ago |
| ✓ 30 Accepted | ⟳ Rejudge | P111007. Lab 2.3: Vector Operations in Two-dimensional Cart... | | 3ms | 324 KiB | C++ 11 | 4 months ago |
| ✕ 0 Wrong Answer | ⟳ Rejudge | P111007. Lab 2.3: Vector Operations in Two-dimensional Cart... | | 4ms | 404 KiB | C++ 11 | 4 months ago |
| ✕ 0 Wrong Answer | ⟳ Rejudge | P111007. Lab 2.3: Vector Operations in Two-dimensional Cart... | | 4ms | 404 KiB | C++ 11 | 4 months ago |
| ✕ 0 Compile Error | ⟳ Rejudge | P111007. Lab 2.3: Vector Operations in Two-dimensional Cart... | | 0ms | 0 Bytes | C | 4 months ago |

Online Judge可以讓學生即時知道自己的程式碼是否正確。

陳老師利用YouTube平台，提供學生線上學習的資源。

練習，每個題目會給予相對應的參考資料與理論知識，當學生提交程式碼後，立即可以知道自己正確與否，如果有錯誤的話是在哪個地方出問題，進而思考要如何修正。「我們開放讓大家都可以看到誰在try哪個題目」，陳老師說這個系統可以讓大家看到統計資料，如此一來，每個學生都可以立刻知道自己在全班整體的狀況是怎麼樣的，而老師端則可以看到每個人解題的排名，「可以順便瞭解班上同學的解題的程度跟速度。」

除了Online Judge之外，陳老師還錄製了教學影片，不僅是將課程錄影拆分成數個小片段，讓學生更便於查找內容，還特別錄製了程式碼的逐行講解影片，這是課堂中沒有的部分，為的就是讓一些來不及跟上的學生，或是想要知道更多細節的人，有可以學習的資源。

## 你想要怎麼樣的人生

「在這整個過程裡面，我希望他們可以學到很多技術上的事情，但更重要的其實是要他們能夠學習到怎麼學習。」談到對於學生的期許，

陳老師說道，他的課程重視學生的學習態度，每個人所有成績的每一分都是靠自己爭取來的，因此他並不會給予分數上的救援方案，但是會給學習態度積極的學生許多額外的bonus，激發學生的學習興趣。「學生有興趣去學習之後，我教你方法、教你實現的過程，然後你要在實現的過程裡面自己去體會、自己去改版，到最後變成一個適合你自己的學習步驟，那一旦你有了這個之後，你就可以一直往下走，不管你未來在學校，在工作，甚至創業什麼的其實都是同一套法則。」

　　陳老師說到，其實學習興趣和態度都與自我的人生規劃的關係，「你要知道你人生不應該是這樣混過去的，你要有那個目標。而很多同學都會問我說『但是我不知道』，這時我都會跟他們講一個很簡單的法則，當你真不知道怎麼選擇的時候，你要想的事情是，五年之後，你希望你的人生是怎麼樣？」陳老師說，十年可能變數很多，兩年又太短了，因此他會以五年為規劃，「你要去想，五年之後你希望變成一個什麼樣的人？你希望你的生活形態是什麼？然後你希望有一個什麼樣的工作，是一個什麼樣的環境，從這邊去往回推，所以就是五年的時候，你要達到這個樣子，所以你四年的時候應該怎麼樣，三年、兩年、一年、現在應該做什麼？那從這個過程裡面去做整體人生的規劃，其實那個效果會是最好的。」而這個過程有三件很重要的事情，「你要知道怎麼學習，你要知道怎麼規劃，跟你要，你要知道哪裡有可以獲取的資源。」

　　最後，陳聿廣老師還特別提到，站在學生的角度想，他會希望「要麼就要努力做要麼就不要做」，但是其實學生是可以有權利選擇不要做，「這件事情很多人都忽略了，甚至害怕砍掉重練。」陳老師鼓勵學生遇到人生選擇的困難不一定要正面突破，如果突破不了，繞路走還是可以到終點的。陳老師以自己的人生經驗鼓勵學生，並以引導式的教學方式，讓學生擁有自主學習的能力，獲取能夠解開未來各種不同問題的萬能鑰匙。

（文／吳昀臻）

# 走過學生路，行進教學途
## 專訪大氣系鍾高陞老師

老師就是提供一個有效率、有系統的方式去學習，在你未來有需要時，能夠很快回憶起我當初是如何把這樣子的知識結構起來，進而很快的擷取到需要的資訊，我認為這是教師授課和教學的目的。

中大大氣系畢業的鍾老師，對於大氣物理有濃厚的興趣，在求學過程中也發現自己很喜歡與人分享、討論自己所知道的事物，因此在大二時選修了教育學程。整個求學的經驗，包含在國外唸書的期間，對老師而言都是正面的回饋，因而希望能夠把這些在國外學到與看到的事物，能夠繼續在臺灣傳遞下去。

## 從日常視角出發，看見知識與生活的連結

「你有沒有想過為什麼，地球上升1℃、上升2℃會差那麼多？」
「差1℃或差2℃對於地球的溫度真的很嚴重嗎？」

鍾老師擅長運用生活化的例子引發學生的興趣，讓學生將課本上的概念與其他面向連結，「人體正常體溫是幾度？為什麼37.5℃界定為發燒，38℃是明顯發燒，39℃就算是非常嚴重的發燒？人體的體溫差個0.5度就會感到不舒服，同樣的情況對應到地球來說，你就可以了解到，為什麼我們會很在意地球溫度的這件事情了。」

學習動機是鍾老師認為學生在學習過程中最重要的事情，由於多元的入學方式，使得現今每個學生對於大氣的興趣濃度與學習目標都不盡相同。「像大一的基礎課程，策略上面來講，我會希望兼顧到每個學生，讓他們建立起最基本的知識與資訊。所以，在這種情況之下，若學生們有動機、足夠積極，那我希望他們可以自己繼續往前探索；而對於不是那麼清楚自己想要的，或是說尚未找到學習動機還的同學們來說，課程內容如何設計，引發他們學習興趣，我認為是教學上很重要的事情。」

問起鍾老師是如何在大氣科學眾多領域中找到自己的研究方向，他說在升大二的暑假有幸到陽明山上參與雲霧的觀測實驗，從實作當中探索。鍾老師提到：「你必須要有相當程度的親身經驗，或者是說你必須要實際去探索。因為如果單純把一個研究議題或問題寫在黑板上，對於學生來說，那種純粹藉由想像、推測的感覺，跟實際上進到不同實驗

2022年國際觀測實驗臺灣第一部移動式雷達於永安漁港附近觀測中，科學家之合照。

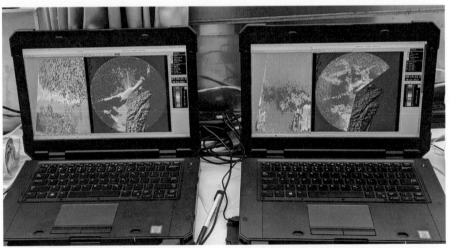

2022年國際觀測實驗期間，移動式雷達觀測當下於操作室顯示即時天氣系統資訊。

室，或是不同的團隊裡面，與相關成員一起共事之後得到的經驗，是不太一樣。」鍾老師說，大學的每一年，都可以透過參與不同實驗室的方式，自己去不斷地體驗與反思。

## 討論學習，完成解答的拼圖

上完課回去之後，即使你可以把課業評量都處理得很好，但你還是會發現有些東西其實並沒有百分之百了解，或是你心裡面其實對某些理論還是有所疑慮，我常在腦中思索要怎樣引導與說明，以便解決自己過去學習時遇到類似的問題，讓學生上課時聽得更清楚。

大氣系畢業的鍾老師，總是能夠憑藉自己當年的學習經驗，預先洞察學生可能會有的疑惑，並在課堂中巧妙地提出問題，引導同學們主動思考。他非常鼓勵學生與身邊同儕積極討論作業內容，「其實同學比較會知道你搞不清楚的點在哪裡。」鍾老師說起同學間不同的思考方式，彷彿回到自己學生時候，「有人是一看到題目就知道說這個要用哪一個方程式，要怎麼去解題，可是解到一半的時候突然卡住；有人則是不知道第一步到底要怎麼想，可是一旦知道怎麼起頭，後面可以比較順利的把所有步驟推導完成。」在大氣物理的課程之中，透過作業討論的方式讓同學之間互相學習，不但可以學習同儕之間不同的思考方式與面向，也能夠了解自己為什麼會卡住或無法想到關鍵的那一步，這樣的學習方式對於知識的掌握至關重要。「我覺得這樣的效果比起期中和期末考，就是大家把書本蓋起來的評量，更可以知道你對這個科目的理解程度。」

## 換位思考，學生想要從課堂中獲得什麼

我常常會想，學生來上這門課，他們心裡面有沒有預期想要學到什麼東西，或是我以前在學這門課時，使我卡住的點是什麼？有沒有辦法

研究所數值模擬課程當中，學生分組報告介紹不同數值天氣預報模式。

放慢腳步，或是換一種方式來講？

在研究所的數值模擬課程中，鍾老師不僅著重基礎的理論知識和數學公式推導，更希望學生能在課程結束後，能夠運用電腦進行天氣現象或天氣系統的模擬，並了解設定相關參數時需要注意的細節。利用課程的三分之一到二分之一的時間，用來讓學生學習如何適當地設定並操作數值天氣預報模式。

「對現在大氣系的學生來説，不見得會需要動用到原始碼，但在課程結束之後，他需要知道的是，要如何利用電腦去設定出一個他想要的天氣現象。以模擬的空間範圍設定來説，有些情況下需要300x300的空間範圍，有時候甚至需要500x500的網格點，特別是在預報颱風時，需跟隨颱風不斷變動的位置，颱風的活動範圍很大，從西北太平洋一路橫跨海洋來到臺灣，上千公里的範圍。你在做颱風的預報時候，你的電腦模式要能追著颱風跑。那這個東西，如果在課程上面給學生一些資訊。讓他們知道怎麼樣去運用，他們在上完課的時候會覺得自己在這門課學得比較有心得。」

反過來説，如果只是教授程式開發的規則和範例，而忽略了他們在模擬中真正需要理解的部分，學生可能不會感受到課程的實際價值。鍾老師重視學生的體驗，在數值模擬課程中將理論與實踐相結合，讓他們

在課堂中深入體驗實際模擬的過程，並在課程結束後具備應用的能力。

## 翻轉教學，從理論知識轉換到程式語言

「你們有沒有辦法，將課本中學到的成雲降雨過程，用程式語言寫出來？」

在「高等雲物理」課程中，鍾老師向學生們提出了一個極具挑戰的問題，並坦言這個問題在短短一個學期內是難以完全解決的。然而，他提供了一個有趣而有效的學習方式，讓學生們透過分組討論，針對那些動輒五千至上萬行的程式碼，選擇不同的參數化方案去理解、學習，並在每週的課堂中分享彼此的研究進度。

「你就會發現很有趣的是，同樣的理論a方案用這種方式寫，b方案用另外種方式寫，c方案又有不同的想法或是不同的假設，可是整體而言，他們都沒有違背原來的理論，但在實際要把這件事情真的在電腦上具象化的時候，你會發現有些時候的做法要不一樣。」

這樣的比較和探討使得同學們更深入地理解這些程式碼的邏輯順序，了解它們是如何一步一步建構出來的。透過實際的分析和討論，他們能夠窺見這些程式碼背後的設計思維和建構過程，深刻領悟理論與實踐的緊密結合。同時，他們也會驚喜地發現，這些看似複雜的程式碼其實不是那麼陌生，與課本中所學的理論知識存在著緊密的連結。

「當然前提是你必須對於這個知識有一定程度的概念，而不清楚的部分，透過討論其實是最有效的學習。」提及相關的學習成效，鍾老師表示，小班授課會很明確有共同的目標，他認為這種時候不太需要做所謂的評量，「因為你都已經知道你想要做什麼，你想要學什麼的時候。事實上是我提供給你適當的平台，適當的工具。讓你在這樣子的一個環境之下，開始透過自己學習，或者是跟小組討論，然後每個禮拜來上課的時候就是討論分享，去了解這裡面到底為什麼他會這樣設計？為什麼他會這樣子寫？」而這樣的過程，就是鍾老師認為最理想、最自然的學

習歷程。

這門課的設計，透過程式學習與討論，使學生在學期結束前，對以往教科書的章節安排有更清晰的體認。同時在進階課程中，更深入了解該科目在當今的研究議題與方向。「學生們當然不可能閉著眼睛把這上千行到上萬行的程式寫出來，可是透過這樣的學習過程，他們會清楚地知道哪個部分在做什麼，邏輯上誰先誰後？為什麼這部分要這樣子考慮、不那樣設計？困難點是什麼？同學們可以非常清楚地印證或對應到過去課本中所學提及的理論與知識，甚至當初課本不是很懂的部分，有可能會因為實際上看過程式原始碼之後得到一些解答。」鍾老師說，「這樣的話，就是最好的學習成效。」

## 數字圖像化，自然科學的迷人之處

大氣相對其他領域而言，不是一個抽象的東西，所以只要你能夠把資料讀進來，然後用繪圖的方式把它呈現出來的話，我覺得這個對自然科學有興趣的人而言，是很令人著迷的部分吧！

資料視覺化在大氣科學中具有十分重要的作用。純粹的數字往往難以讓人真正感受到大氣現象的真實面貌。然而，一旦將這些數據以影像的方式呈現，就能夠與資料產生更深刻的連結。「譬如說你畫垂直速度的風，你就可以知道原來劇烈天氣裡面的風速是這麼強烈；又或者以氣象雷達來講，畫出來之後可以發現，原來雷達回波可以到多大的一個強度。」這樣的工具不僅在分析過程中有幫助，同時也能更好地對應到書本或文獻中的內容。進而，我們可以對過去的研究與結論提出不同的觀點。如果我們想要推翻某些看法或結論，我們需要仰賴資料來支持我們的論調。因此，資料視覺化的工具和理論探討是緊密相連的，而鍾老師會將他在研究領域或是產學合作中所使用到的相關工具，適時地加入大學部或研究所的課程之中，讓學生了解目前所學在未來會有怎樣的應用，提升學習動機。

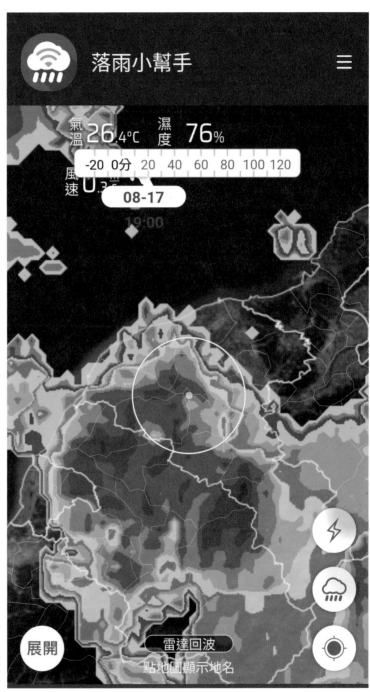

落雨小幫手APP
顯示2023年8月
17日傍晚桃園地
區劇烈降水之範
圍與強度。

另一方面，鍾老師認為這也是在他學習與教學經驗中重要的一環——教學相長，「研究所或是研究生做過的東西，放到大學部來實作，即使用一個相對比較淺顯易懂的方式讓學生去練習、在資料的探索與分析，不同年級的學生或不同屆的學生，看到的面向不盡然完全一樣。這時候，學生們分析的角度，也會提供不同的想法，回饋到自己的研究上。」所以說，數位平台或是工具，不見得只是輔助教學，更多時候是利用自己手邊有的資源，將研究與課程結合，使學生更容易地理解課程的內容和目的，同時也讓教師從學生的反饋和觀點中獲益。

## 老師的角色，引路的明燈

我覺得教師其實如果以引導這個角色來講，其實他在任何一個年代裡面，這個角色都不會消失。只是他扮演這個角色時，應該要怎麼切入，以及用什麼樣的方式去引導。

「現在這個年代講求所謂的自主學習，那老師扮演的角色是什麼？」鍾老師認為，老師在整個教學過程中，可以被形容為引導者，

「資質好的學生只要前面幾個步驟，後面他自己可以走，可是有些人其實需要更長的時間，或是要更深入的引導，到後面，他自己可以走的很好。」在學校裡，老師可以有效率且有系統地幫助學生一步一步建構基礎科學知識，讓他們能夠在這個基礎上繼續自主學習。

現代的教學領域追求創造出一個有利於學習的環境，「什麼理由學生要走進這間教室，然後花50分鐘聽老師的授課內容？」鍾老師覺得老師的角色在於幫助學生發現自主學習時可能沒有注意到的連結，探索更深層次的知識，找到他們可能忽略或缺乏的內容和面向，更重要的是讓他們了解為什麼要學習這些事情。「雖然不同課程，不同的學科，老師能夠扮演的角色，其實會有一些些的不同，但整體來講，老師就是提供大家一個比較有效率、有系統的方式去學習，在你未來有需要時，回顧這些內容時，能夠很快回憶起我當初是如何把這樣子的知識結構起來，進而很快的擷取到需要的資訊，我認為這是教師授課和教學的目的。」

在訪談的最後，鍾老師說到，「我希望大家都能主動探索與學習。」作為大氣系的職涯導師，鍾老師鼓勵學生在大學四年之中，不停地尋找自己的興趣所在，問問自己喜歡什麼、不喜歡什麼，對自己的未來三到五年有一個想像與規劃。在教育生涯中，鍾老師的經驗和知識都成為了他教學的寶貴資產。透過引人入勝的例子、深入的討論，以及資料視覺化的方法，他激發學生的學習動機，讓他們對大氣科學產生興趣。作為一名教師，他堅信引導學生去探索，鼓勵他們主動思考，而不僅僅是傳授知識，更是啟發學生的創造力和解決問題的能力。

（文／吳昀臻）

# 實作或實驗課程

實作課程約分為兩種模式，
跟隨操作型與自由操作型（參專題導向學習法或問題導向學習法）。
跟隨教師學習運作原理與動手熟練度，
或自由創新專題以學習控制變項進行實驗。

土木系
**林子軒**老師

科教中心
**朱慶琪**老師

應用地質研究所
**波玫琳**老師

水海所
**黃志誠**老師

電機系
**歐陽良昱**老師

土木系
**賴勇安**老師

語言中心
**劉愛萍**老師

# 在不知不覺中
# 沉浸於科學世界
## 科教中心朱慶琪老師專訪

我希望我能夠做到:「我在教科學,但你渾然不覺。」在完成整個教學過程後,讓學生回首,發現碩果纍纍,而學生在潛移默化下,經歷整個科學思考方法及實踐。

物理系的朱慶琪老師，長時間以來，不斷以實作的理念進行教學。此外，朱老師除了本身的物理專業外，也不分對象與年齡，長期對外推廣科普教育。對於大學部的學生，無論科系，無論是必修課「普通物理」，或是通識課「物理之美」、「生活中的物理學」等，在課程中，朱老師都會帶著物理演示教具，讓學生能實際操作。朱老師認為，「體感」的學習經驗，在物理這門學科中是十分重要的。因此，朱老師秉持這個教育理念，持續在科學世界中不停地深耕著。

## 培養學生「帶得走」的能力

時代的變遷使得知識變得非常容易取得，學生不再需要大量地依賴傳統的知識傳授。朱老師表示，物理其實是一門很傳統的科目，從力學、熱力學、電磁學等，在這些傳統的知識上，朱老師不斷思考如何讓學生可以從這些知識中，訓練邏輯思考及批判的能力，進而讓學生在物理的學習架構下，培養帶得走的能力。

朱老師強調：「物理是一門相當好用來訓練科學推理及批判思考能力的學科。」研究顯示，三百位修「普通物理」的同學中，最後從事物理相關領域的研究人員僅一、二位。所以，朱老師在課程設計上，除了要傳授物理知識之外，朱老師更強調訓練學生們的科學推理能力和批判思考能力，好將這個「帶得走」的能力運用在未來。

在開設給非理工科系的通識課程中，老師也強調了同樣的理念。朱老師於通識課程中，在不讓學生覺得負擔重的情況下，透過課程實驗設計，融合探究與實作的教學方式，希望在不知不覺的狀況下，讓學生模仿科學家思考、做研究的過程，訓練學生的探究能力。透過這樣的設計，朱老師期望學生能夠在課程後，培養出跨領域整合能力、表達溝通能力，甚至是能夠理解所謂的「科學方法」。

朱老師也認為，科學方法的訓練對於學生十分重要，且不分科系，都該對於科學方法的概念與應用能有一定程度理解。科學方法不僅僅適

大學裡的「探究與實作」課程，內容講述「科學的表徵」。

用於科學研究，它是一個通用的研究方法，在人文與社會等議題上皆可應用。透過科學方法的訓練，學生可以培養出理性思考和邏輯推理的能力，更能有解決問題的實力，在面對問題出現時，能夠設法解決，也能夠更加理性地看待議題。

## 科學演示──「體感」式的學習模式

朱老師說：「物理是一門實驗的科學，是必須透過實驗來驗證的學科。因此，實驗本來就在物理的發展上，扮演很重要的角色。」在朱老師的教學原則之一是「Less is More」──教得完不如教得深刻。對於朱老師而言，人類有五官，各個感官所形成的感官體驗都有所不同。但是，在一般的課堂上，多數都只以視覺及聽覺作為刺激對象，然而影片或簡報所呈現的視覺或聽覺上的感受有限，其實都不及學生親自動手實際操作過後，產生的體感經驗來的強大。在採訪中，老師隨手拿了兩個

演示實驗教師研習：隨意平衡秤的物理。

磁鐵示範，實際操作所謂磁力中的「同極相斥，異極相吸」的概念。朱老師表示，讓學生拿磁鐵，實際去感受磁力相斥或相吸的概念，在操作過後，學生會對於這個知識及內容印象會更深刻。

在AI科技的不斷發展下，對於朱老師而言，這種動手做的體感學習，對於物理學科反而是十分重要，而這種學習方式也是目前AI科技無法取代的。在操作實驗的過程中，老師也融入探究與實作的精神，讓學生可以分組合作，並針對主題思考問題，並設計實驗方法。老師也曾在課程之中融入STEAM設計，讓學生能夠跨領域的統合學習，乃因生活就是跨域統合，並不會強調什麼時候用到物理，什麼時候用到生物知識等等。所以，老師曾經讓學生實作，以一間餐廳為例，為了多角化經營，隔成兩間，一邊是餐廳，另一邊則是舞池，中間設計一道隔音牆，使得餐廳不會受干擾，並在有限制的情況下，讓學生用已知的知識設計思考。

在長時間的操作下來，搭配探究式教學，學生的科學推理能力都能

提升，對於問題的敏銳度與解決能力也有進步。透過科學演示操作，讓學生從視覺和聽覺的單向接受轉變為親身感受，甚至是雙向互動，享受探索知識的樂趣。這樣的教學方式，讓學生親自動手，感受科學現象的真實性。

## 科學傳播與實踐

從2005年開始，朱老師便不遺餘力地深耕科學教育，並在各個年齡層致力推廣，從幼兒園到社會大眾、中小學教師等，都是傳播對象。朱老師本身主持的「物理演示實驗室」中，不乏看到朱老師與其團隊所設計的許多實驗器材，包含「蝴蝶展翅」、「喝水鳥」等，都是於科學演示所用。舉辦的體驗活動，像是開設給高中生的「一日科學家」系列、中學生的「科學體驗教室」等，讓中學生們在除了平時課堂上的知

寓教於樂的科學演示教學：400根釘子會壓爆可憐的氣球嗎？

朱慶琪老師與她的演示實驗們。

識汲取外，也能夠親身體驗並動手做科學，提升學生對於自然科學的興趣。

　　朱老師也分享，在授課過程中，面對不同群眾時，對於課程設計與方法皆會有所改變，不管是對校內大學生，或是對外的不同群眾皆是如此。每一次的教學活動都會是一個全新的開始，即便活動內容是一樣的，但會因為授課對象不一樣，而有所變化。舉例而言，同樣都是國中生，老師會想先知道學生是來自於哪一個區域，他們之前上過哪些課，程度到哪裡，他們的學習風格是活潑的，或是安靜的等等，這也攸關到教學過程的品質，朱老師對於這點十分重視。

## 學習、專注力及改變課程教學

　　現在學生的專注力有別於以往，其實普遍並不長久，短暫的時間點

朱慶琪老師希望在課堂中，
能讓學生不知不覺地學習科
學。

內就容易被其他事物所吸引而分心，但其實這是大時代所造成的結果，
對於整體來說無可厚非。朱老師說，學生如果願意的話，可以多花時間
探究自己有興趣的事物，保持強烈的好奇心，而不是不斷地渴望別人的
注意力。

　　對朱老師來說，若學生失去專注力，她會花更多時間關心學生，卡
在什麼點上，想知道學生當前的學習狀態如何，所以過去朱老師有一段
時間希望學生上課不要用手機。但是，有時候學生用手機只是想確認某
個知識內涵，所以老師也轉念，如何將手機作為課堂的輔助工具之一。
所以，其實可以看出朱老師在教學上，雖然教的科目都沒有變，都在這
個範圍、這個領域內，但是在她的教學理念、教法，甚至是教材，都在
這20年之間，不斷地隨著每一屆的教學對象，或是時代的變化，整個大
環境的改變，以及規章制度進行變化。朱老師笑說：「有時候甚至是半

年就會改變一次。其實我也不想要我、我的團隊和學生們這麼累，可是面對不同的學生，我非得要這樣做。我希望學生在上我的課之後，會因為他們學到東西，而讓他們覺得自己很棒、很有成就。」在不斷的與時俱進，改變課程方法之下，老師總是以學生的學習效益作為第一考量，也希望在課程之中，學生們可以達到老師一直以來的理念——讓學生在不知不覺、很自然的環境之下學習科學。

　　朱老師長期推廣科學教育及科學演示，成果斐然。她在退下科學教育中心主任的身分後，想要先好好讓自己休息一陣子，過去在教學與服務上，老師付出不少心力，而在未來的日子，她想要先把重心回歸到研究上，把這些年來付諸實行的想法、點子（idea），撰寫成論文，提供教育工作者參考。對於教學與服務，朱老師一樣會繼續努力，為了學生、為了科學傳播，繼續奮鬥下去。

（文／林祥麒）

# 成為學生的超人
## 專訪土木系林子軒老師

學生可能剛好在那個時刻，需要你幫他解惑，如果你有在那個當下幫他解答、讓他懂，那他可能就不會放棄那門課，甚至提高對課程的興趣，加強上課的動機。

「稍等一下喔，我現在call學生拿之前做的機器狗來給你們看！」興致勃勃地拿出手機的受訪教授，是在中央大學服務即將邁入第六個年頭，現任土木系副教授的林子軒老師。能在五年內二次榮獲校級的教學傑出暨優良獎，林老師感謝評審的青睞與肯定，但他同時也認為，教學的成就不在於獲得多少獎項，更珍貴的是學生發自內心的喜愛。

## 創新的跨領域實作課程

有著特殊的土木博士與電控（電機與控制工程）碩士跨領域學位組合的林老師，在土木系除了教授必修的「工程數學」、「結構學」課程外，他也依據自己在學習上一路走來的跨領域專長，開設全臺土木系都十分少見的跨域實作課程 ——「物聯網與結構物智慧監測技術」，在土木系教學的基礎上，融入物聯網技術與機器人應用。在這門課程中，林老師希望藉由整合不同專業領域的教學內容，使學生不僅能從中習得跨域的知識與技術，未來可應用於他們各自的研究領域上；同時透由課程單元內的實作解題，提升問題解決的能力；最後再以期末的專題作業，讓學生自己想辦法上網或看書來了解更多課堂外的技術，並將其運用在專題的製作上，進而訓練學生的自學能力。林老師認為，讓學生知道怎麼去定義問題、怎麼透由自學來解決問題的訓練，對他們將來無論是在研究所的學習或工作職場上，都會有莫大的幫助。

每年林老師都會改變競賽使用的機器人款式，增加比賽的多樣性。

學生操控機器人的競賽。

　　與此同時，在這門強調跨域實作的物聯網課程中，林老師也捨棄傳統的期中筆試評量方式，改以機器人競賽的形式來測驗學生的學習成效。「我之所以會這麼做，主要是想引起學生的興趣與動機。」林老師笑著說道，他認為大部分的學生其實都對上課缺乏動力，因此若是能把課程做得很有趣、好玩，這樣就能促使學生有動力想要學習，進而把課上教授的知識學好。

在機器人的競賽上，林老師選擇以3D列印的方式，讓學生試著自己動手拼裝機器人；除此之外，每年林老師都會設計不同的機器人造型和與之對應的「比賽場地」，多樣化競賽的評比項目。例如在大前年是用履帶移動的坦克型機器人，以橋樑檢測與避障做為競賽內容；而去年則改成狗型機器人，比拼各組別作品的越避障能力。「這其實比你想像的要難上許多。」林老師擺弄機器狗向我示範，「我上課會教基本的動作指令，但要讓機器狗能走，學生必須要自己設計邏輯，控制它以四腳驅動走起來。」要如何控制狗的四肢使它能做出跨

林子軒老師展示111年度學生製作的機械狗。

越門檻、趴下滑過欄杆等高難度動作，除了需要同學們的合作討論，也會需要學生自己額外加深的學習。透由有挑戰性的競賽方式，不但能讓學生有機會實際運用上課所學的知識與技術，甚至額外增長個人的自學能力；完成比賽的成就感，也會反過來刺激學生的學習動力，實可謂一舉「多」得。

## 翻轉傳統的考試方式

除了在「物聯網與結構物智慧監測技術」課程中以機器人競賽作為期中的評量依據，面對疫情帶來的授課方式改變，林老師也將「工程數學」的期末考試，改以線上遊戲的方式進行。在前陣子同步遠距的線上授課期間，許多老師都為「如何避免測驗時學生作弊？」煩惱不已；然

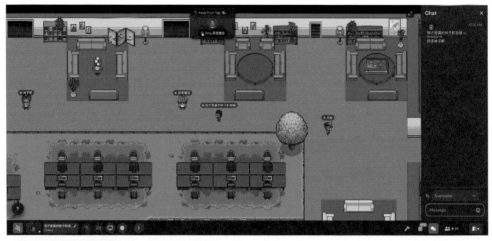

期末線上遊戲的考試畫面。

而林老師卻反其道而行,他開始思索:「與其想辦法規避學生作弊,那能不能乾脆換種方法來考試?」於是最後他決定利用Gather Town這個虛擬辦公軟體,設計出一個類似RPG遊戲的會議室空間,將考題隱藏在各個場景物件(譬如房間的花瓶、書櫃的抽屜……),於考試當天讓學生組隊進入遊戲,分工找尋考題並解答;在這個過程中林老師也會化身角色進入遊戲,讓學生可以提問,進而增加遊戲的互動性。

　　用遊戲或競賽的方式作為考試固然好玩且有趣,但在事前準備上需付出的時間與精力恐怕難以想像。我詢問老師在過程中是否有遇到過怎樣的困難,林老師莞爾一笑,跟我分享他的經驗:「首先你要有個很好的助教……只要有好的助教,你的課程就會進行得很順利。」林老師表示,一般上課可能只需準備講授內容與投影片製作;但舉辦機器人競賽,從機器人製作的材料零件、比賽場地規劃到障礙設置都要事前做好,遊戲考試也須先設計出遊戲場景才能將考題置入其中,這些繁瑣的準備是無法光靠老師一人來獨立完成,所以有助教的從旁協助,對課程

進行來說至關重要。

　　除了考試需有助教協同製作之外，平時在教學現場上，也要有助教來為學生做即時的解惑。因此為了培養助教能力，林老師在學期開始的前一個月，就會特地外聘專業領域的業師來為助教們進行為期一週的密集訓練，比修課學生更早熟悉技術應用，才有足夠能力幫助學生解決課程中的疑問。「助教的培訓和支持，我覺得是開設創新課程最重要的一環。沒有助教的幫忙，課程沒辦法這麼順利的進行。」林老師如此說道。

## 「設計思考」工作坊

　　在十六週為一期的課程外，林老師也於109年爭取到教育部「苗圃計畫」經費，和網學所的吳穎沺老師、大氣系的王聖翔老師共同開設「設計思考與智慧物聯網應用課程」，用六個全天的週末工作坊，以密集上課的形式完成共三學分的跨領域課程。「設計思考」（Design Thinking）是一種強調以使用者為中心的問題解決方法論，它的流程包含：同理（Empathize）→定義（Define）→發想（Ideate）→原型（Prototype）→驗證（Test）等五個步驟。林老師接著向我說明工作坊的特色：一般「設計思考」工作坊只會用一至兩天的時間，簡單地設計出一個錢包或桌遊；但在物聯網的工作坊中，他們將「設計思考」應用在實際的議題上，同時引入大量的實作，學生必須根據「設計思考」的流程利用物聯網技術，真正做出一個可實用的原型並驗證。以這次「家庭地震防災智慧物聯網」的主題為例，有學生組別設計出在地震或火災發生時，會自動切斷瓦斯供給的感測裝置，能防止在災害後產生更嚴重的災情；也有組別做出火災的逃生指示燈，在火災發生時能感測火勢的蔓延，進而指引受難者順利逃生。

　　雖然「設計思考與智慧物聯網應用課程」工作坊和「物聯網與結構

實作或實驗課程

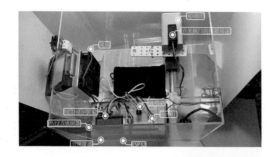

## 智慧廚房瓦斯外洩警示及排除系統

檢測廚房瓦斯氣體濃度，自動關閉瓦斯閥門，排除瓦斯氣體。

影片介紹：
https://youtu.be/rZeAmz0IRPM

## Runpass 逃生指示燈

簡易的符號箭頭，讓逃生者多出幾秒關鍵逃生時間，指引安全逃生路線。

影片介紹：
https://youtu.be/RFi2AeYgD0Q

←俯視角

逃生者視角→

發現右邊的路線有障礙物

工作坊的上課畫面與學生的實作案例。

物智慧監測技術」課程同為應用物聯網技術的跨域課程，但不同於「結構物」奠基於土木知識的物聯網與機器人技術學習之課程目標；工作坊是跨越「設計思考」、「防災專業」與「物聯網應用」等三個異質領域，從「設計思考」心法出發的問題導向實作。多元的跨域課程組合，面面都展現出林老師的物聯網研究之可應用性。

　　除了前述的物聯網教學外，在下個學年度，林老師也規劃參與「智慧永續生活」微課程，開設全校學生都能選修的「智慧節能實作」，預計培養學生在「節能」的這個大主題下，學會怎麼用控制器、感測器、物聯網，甚至AI技術等一系列的軟硬體程式，並於期末完成一個節能專題的實作。林老師向我舉例說明：比如可用感光裝置來感測家中各處有裝設電燈的地點，再透由統計的方式，來了解最常忘記關燈、平時耗電量大的是哪個房間，進而達到節能的目的。「你也可以來修課啊！我們課程是開放給全校學生的。」林老師笑著跟我說，他認為在小組專題的課程中，跨科系學生合作的好處是大家能根據自身專長，來分工完成實作案例。一個專題的促成並非只需強大的技術能力，在進行的過程中，從前端的實地探勘採訪，到後端的簡報製作與口頭報告，都有能運用上各種科系專業技能的時刻；大家各自將負責工作做到最好，一加一大於二，最後也能產出良好的專題成果。

## 未來的教學展望

　　跨領域課程不僅學生需付出更多的課外時間來增進自身能力，於老師而言，準備不同領域的課程內容也絕非易事。對此我好奇地向林老師提問：他認為教育最核心的理念是什麼呢？林老師思忖片刻，開口道：「我認為一個老師能做到讓學生會期待上課、看到你的名字會想修課，而非只想著怎麼翹課，那他就成功了。」為了達到這個願景，林老師一向樂於在課堂上嘗試各種新的元素或應用，每年在機器人競賽的創新便是如此；林老師也向我透露，在之後的課程裡，他打算將現正流行的AI

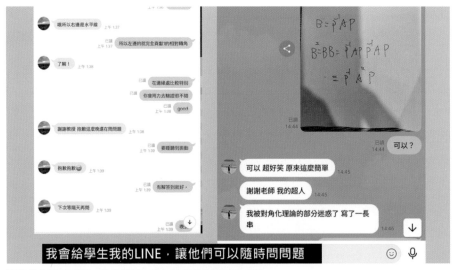

我會給學生我的LINE，讓他們可以隨時問問題

即使是在課外時間，林老師仍持續在學生需要時幫助解疑。

元素加入教學當中，讓學生接觸到最新的技術趨勢。

而針對學生的方面，林老師希望學生能做到學「懂」，而非強求學「多」。「有時候你教很多，但學生都不懂，這反而是無效的教學；不如你好好地把那幾個單元上好，讓學生都能理解，我覺得這樣對學生而言能更有用處。」加上近年學校推動將課程週數縮減成16週，若是再增添教學內容，學生更是難以負荷，因此林老師認為在教學上做適當的「減法」，讓學生有學懂內容比較重要。不過他也補充，有些必修課真的內容很多、很難刪減，因此如何做到適當刪減、又讓學生能學到足夠的知識，對他來說也是一種挑戰。

談及對自己未來的展望，林老師期許自己能保持為學生解惑的熱情，「通常老師當久了，就會越來越失去這個能力；但我覺得所謂的老師，就是要能夠幫同學解答任何的問題。」回憶過往的求學經驗，

林老師表示當學生的時候，總是很討厭那種會以「這上課不是教過了嗎？」、「這個問題這麼基礎，你怎麼不會？」回答問題的老師，因此自己走入教職後，他總會告誡自己別成為那樣的老師。「學生可能剛好在那個時刻，需要你幫他解惑，如果你有在那個當下幫他解答、讓他懂，那他可能就不會放棄那門課，甚至提高對課程的興趣，加強上課的動機。」林老師露出自信的微笑，篤定地說：「因為我是學生的超人，會在他需要的時候出現！」秉持著超人的「職業操守」，林老師之後也會在杏壇繼續耕耘不輟。

（文／汪昱秀）

# Unleashing the Power of Experiential Learning: Discovering the Inspiring Classroom

## Le Beon, Assistant Professor, Graduate Institute of Applied Geology

釐清學生可能遇到的困難，
以設計實作環節，
確保他們能透過最簡單易瞭的方式，
將知識烙印在腦中。

As I stepped into Prof. Le Beon's office, I was greeted by a fascinating display of stone specimens and various intriguing models. These collections, also teaching materials,, are meticulously curated and designed by Prof. Le Beon teaching materials. Each model reflects her dedication to her students and serves as a testament to her excellence as an educator.

## Empowering Observational Skills with Videos and Hands-On Materials

In the field of Earth sciences, observation is a primary and crucial step, and Prof. Le Beon fully embraces this principle. In the classroom, besides utilizing richly illustrated slides, Prof. Le Beon also uses published teaching materials such as tutorial videos and mobile field trip ones. The former allows students to revisit the content of important theories and provides detailed explanations of concepts or knowledge. It presents the theories from different perspectives, enabling students to gain a deeper understanding in various ways. The latter enables students to learn how geologists observe and acquire relevant knowledge during geological expeditions through videos.It offers the most efficient way for students to understand geological theories through detailed explorations by geologists, helping them discover the most effective methods that require the least effort while leaving a lasting memory and comprehension of the principles. Furthermore, emphasizing the importance of firsthand observation, Prof. Le Beon takes the opportunity to collect specimens from different locations during fieldwork or travels and brings them back to NCU. These specimens are showcased not only in class but also in the rock display cabinet on the institute hallway, allowing students to establish connections between their daily lives and knowledge. As a result, for her students, the impact becomes more profound when learning is experienced as a reflection on real life situations.

## Observe, Explore, and Discover

When Prof. Le Beon showcases her collections of rocks, it's not just for display. Instead of leaving students to observe and think on their own, she poses numerous questions that guide them, encouraging them to exercise their powers of observation and prompting them to think about the underlying reasons through visual clues. This aligns with Prof. Le Beon's emphasis on scientific reasoning, which encompasses core reasoning and problem-solving abilities and involves basic inference processes in forming hypotheses. Additionally, Prof. Le Beon emphasizes the historical factors that prompt students to integrate Earth's history and contemplate the formation of geological phenomena. These practices cultivate a process of observation and thinking in students. It not only helps them better understand the knowledge within the curriculum but also develops their logical thinking abilities. Through simple observation skills, students can extend their thinking and generate a multitude of questions on different topics, gradually accumulating their problem-solving skills.

Prof. Le Beon's skillful use of data analysis paired with problem-based learning can also be observed, especially in classes with limited time but extensive subject matter. Prof. Le Beon efficiently focuses on key points and incorporates relevant samples as well as related questions, using common natural phenomena from everyday life as starting points to explain principles. Problem-based learning not only facilitates the quick integration of principles into the curriculum but also enhances student engagement and interaction during class. Additionally, students benefit from organizing their own logical thinking through problem-solving, which aids comprehension and memory. Utilizing visualized data in slides during class helps students better structure their thought processes. By asking questions and addressing potential learning gaps, students develop a more comprehensive and profound understanding of the topics.

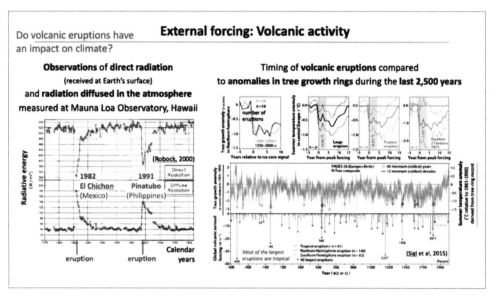

Questions raising and analysis of observables. Excerpt from Prof. Le Beon's course slides.

## Beyond Nature's Teachings:
## Crafted Handmade Materials Bring Geology to Life

In addition to obtaining teaching materials from natural ecosystems, Prof. Le Beon carefully crafts teaching materials to present complex principles in a simple and understandable way for students. Through demonstrations and explanations, she vividly showcases geological activities that are partially unobservable on the Earth's surface. During a class, Prof. Le Beon confidently presents how plate movements influence the formation of rivers. Using foam plastics cut into plate shapes, she illustrates the boundaries of the plates, their movement directions, and the positions of rivers with three different colors. While explaining, Prof. Le Beon manipulates the teaching aids, enabling even me, without background knowledge, to clearly grasp the principles, their formation causes, and consequences.

Prof. Le Beon vividly shows the plate movements with her crafted handmade materials.

Moreover, Prof. Le Beon possesses the creative ability to improvise with objects on the spot. She grabs a piece of white paper to explain the restrictions of fault offset, using them to demonstrate the relationship between fault length and offset. Under her skillful and lively explanations, phenomena that are difficult to imagine or observe come alive before the students, igniting their interest in abstract theories.

"Sometimes when the teacher says something that students need to imagine, they need to picture this in their mind. And sometimes if the class goes too fast, students actually don't have the time to do this." Prof. Le Beon recalls that she frequently used imagination as a student to concretize the theories being taught. Now, she can also empathize with her students, making the learning process as efficient as possible. Prof. Le Beon identifies potential difficulties that students may encounter, and thus designs practical exercises to ensure understanding is imprinted in their minds through the most straightforward methods. Additionally, she acknowledges that practical exercises can alleviate language barriers. This is why she emphasizes hands-on learning, as it helps her and her students bridge the gap between language and abstract concepts, making the classroom teaching smoother.

## Active Learning Inspires Understanding and Interaction

"I think maybe one challenge is to trigger the reactions. Make sure students realize they didn't understand. Make sure they are asking if something is not clear. Make sure they leave the classroom with understanding." Prof. Le Beon shares. The most challenging aspect of designing and adjusting teaching materials is to elicit a response from students because Prof. Le Beon needs to tailor the materials to address their learning weaknesses. However, there are often instances where students do not seek help when they don't understand or pretend to comprehend the material. Therefore, the key is to create interaction with students in the classroom, allowing them to react to the content being taught. If Prof. Le Beon notices students' confusion, she pauses and provides different explanations. Additionally, Prof. Le Beon mentions that most classes are conducted in small groups, allowing her to have them take turns answering questions to directly assess their level of understanding.

Prof. Le Beon demonstrates 'spring and slider', showing the interactions between earthquakes with self-made teaching materials.

Prof. Le Beon hopes that students can grasp the material during class, reinforce their understanding by completing assignments at home to ensure accurate comprehension, and maximize learning efficiency.

Moreover, Prof. Le Beon requests students to give oral presentations of paper readings and research in English . This not only confirms their true grasp of the fine details in the research field but also trains their presentation skills. By the end of the semester, students can capture the essence of their reports and successfully present their research topics entirely in English. This approach not only confirms students' understanding but also enhances their English expression abilities, serving as a highly effective way for both Prof. Le Beon and her students to enhance the efficiency of classroom learning.

## Nurturing Geological Minds While Fostering Bonding Education

Prof. Le Beon implements experiential learning, firmly believing that "Experience is a key to becoming a good field geologist." Besides collecting and creating teaching materials, Prof. Le Beon also takes students on field trips, allowing them to witness firsthand the knowledge and materials that are typically confined to textbooks and how they manifest in real-life situations. The field trip experiences enable students to adopt a geologist's perspective more accurately, depicting geological environments and acquiring broader relevant knowledge.

During field trips, Prof. Le Beon interacts with students nearly as friends, engaging in casual conversations, sharing personal experiences during her student days, and discussing various events that have happened in Taiwan. Prof. Le Beon hopes that students can occasionally learn life lessons from their interactions.

## From Passion to Impact:
## Prof. Le Beon's Enlightening Education

Finally, Prof. Le Beon shares her genuine belief, both for herself and her students, is finding what they love. Once they discover their passion and tap into their intrinsic motivation, many challenges may seem simpler to overcome. Despite facing various innate factors in real life that might be beyond control, the pursuit of one's passion can be a powerful driving force. Just as Prof. Le Beon found her passion in the research field and continues to pursue her achievement to this day, she contributes her enthusiasm to benefit more students through her enlightening and impactful teaching approach.

（文／游采樺）

# 紮穩基礎功，接軌產業界
## 電機系歐陽良昱老師授課核心理念

學習就像一棵大樹，要長得茂盛就要確保樹根養分充足，才能延伸出後續的枝葉末幹，樹葉都是從根長出來的，而最後保留下的教材，就是確保學生能長好知識的根，並有能力自己慢慢長出樹葉。

走進歐陽老師的辦公室，可感受到有條不紊的風格落實在他生活的每一處，不論是在辦公室的擺設或是談吐，都讓與老師對話互動的人清楚談話節奏。如同授課般，講話簡潔但細膩，快速擷取重點講解，並搭配許多生活實例讓學生的學習更透徹。歐陽老師本於中科院服務，因緣際會下有機會到中大教書，順應喜歡教書的性格，並結合先前的工作經驗，讓歐陽老師在教學路上能將產業界的軟硬技能傳授給學生。希望給同學的，不只是課本上的生硬理論，而是到哪都適用基本功以及實戰能力，讓同學未來不同路上都能更如魚得水。

## 職場經驗帶入教學場域，正中學生所求

在傳統教學法下學習成長，也在中科院工作過，歐陽老師特別感悟到實作能力的重要性；加上教授科目與產業連結性大，歐陽老師漸漸將數位教學法融入課堂，讓同學能不先被晦澀理論困住，也能模擬出未來職場的實況，提高他們的學習動機。

在中科院雷達系統的單位工作時，除了自身的研究領域外，也需要負責其他專業領域的橫向溝通，並負責整個雷達系統的統籌工作而這些統合溝通技巧也成為了設計課程的初衷。

因此，老師在課堂中大量引入產業界應用的模擬軟體，讓學生實際操作，親自體驗在工作場域會遇到的難題；同時，也將軟體技能習得所對應到的工作機會給同學看，讓他們有「學以致用」的真實感受。

除此之外，歐陽老師更善用數位教學法來貫徹他的教學理念，透過軟體的運作來了解背後原理，再連結曾經學過的理論，讓理論和實作能夠相互支撐，除了鞏固先前知識外，也能累積實作經驗。歐陽老師先讓學生熟稔軟體應用，再慢慢地將背後的設計原理依序帶出講解；或是帶同學分析產業實例，講解每個元件在一個系統中扮演的角色、與其他元件間的關聯，再統整出選材上如何做取捨、調整，才能達到所期望的系統規格和成本期望。如此一來，透過理論與實作的並用，學生更能感受

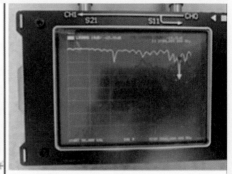

雙頻段天線製作實況

雙頻段天線 S 參數量測畫面(一)

學生操作軟體,比對模擬與實際量測結果。

到所學知識與未來工作實況的鏈結,也讓他們學習過程能更有動力和目標學習。

歐陽老師認為,若先從理論切入,依序介紹元件功能,一來對學生而言,可能太過晦澀難懂,甚至感到挫折導致學習意願低落;二來則是不符合職場實際面。如同設計雷達系統,因為涵蓋太多層面,必須將不同元件之間的關聯性釐清,並將所有東西結合成一個完整系統,才是產業界常見的思考邏輯。歐陽老師說道:「不管是設計系統或是在職場工作,兩者都像打籃球一樣,團隊的每個小螺絲釘都要清楚自身角色以及相互的關聯性,如果沒有分工合作,互相配合、妥協,是很難達成平衡的。」再者,隨著人工智慧時代的來臨,歐陽老師更強調資訊整合的能力,若能將混亂的資訊梳理好,並整合有序,也較不容易被人工智慧直接取代。

## 保留最基本的根，才有底氣往外延伸

　　雖然數位學習法成功執行，也達到當初的預期成效，但歐陽老師也坦承當初從傳統教學法過渡到數位學習法的掙扎。在歐陽老師還是學生時，上課方式偏傳統教學，雖然不如現代資訊較濃縮、精華，但也從中獲得最穩紮穩打的知識基礎，如果沒有當初紮實的訓練過程，對原理的了解程度是遠遠不足的。而現今學生學習要求快速有效率，歐陽老師也配合所需，隨時依照產業界趨勢更新教材。「那教材會越來越簡化嗎？」「倒不是，而是保留最重要的東西。」老師堅定地立刻回答。「學習就像一棵大樹，要長得茂盛就要確保樹根養分充足，才能延伸出後續的枝葉末幹。」歐陽老師解釋，很多時候會講到樹葉，但前提是那些樹葉都是從根長出來的，而最後保留下的教材，就是確保學生能長好知識的根，並有能力自己慢慢長出後面的樹葉。未來不論是用推理歸納，或是演繹的方式學習，都能有知識的基礎去理解後續延伸的理論。

　　在濃縮課程內容、精選教材的同時，歐陽老師不放過傳統教學的理論面，讓教學可以更快速又順暢地過渡到數位教材上。

歐陽老師強調思維能力，能否運用「基本原理」抓住「人類的思維」，是學習主重點之一。

## 擁抱差異，積極傾聽學生需求

　　歐陽老師雖然在擷取課程精華和整合新舊資訊非常在行，但他也不免感嘆，目前在選材的深度與廣度上還是會面臨取捨問題。每個學生的需求不同，有人對應用面的知識已足夠，會反過來想了解背後更深層的原理為何，而也有人渴望更多產業的應用面知識，不認為背後的原裡和步驟推演是必須知道的。歐陽老師也很坦然地說道：「所以我都跟學生講說，如果你有任何建議都先寫下去，反正都是匿名也不用怕，我如果可以做到的話就盡量做。」

## 持守底線，為學生打好基礎

　　除了積極吸收學生反饋外，歐陽老師也透過學生到課率來反思課程內容是否符合學生所需。因為老師上課從不點名，學生是否對課程內容感興趣可以從出席率反應出來。而在開放心態下採納學生意見，調整教材下，歐陽老師也堅守自己的底線，而非百分百迎合學生。「至少老師還是比學生多讀了好幾年的書，站在我的立場而言，學生現在所想要的東西，跟他真正需要、適合的，這之間終究還是會有落差。」老師也明白講道，這個落差恐怕不易消弭，因為資訊只會越來越透明，學生會越來越清楚他們想要甚麼，但現階段學生想要的，跟未來職場或是研究上需要的不一定相關。因此，老師才會特別著重底層基礎知識，希望學生不管在哪個研究領域，都可以掌握基本、必要的原理，未來發展才能更如魚得水。

## 產學結合，為學生開創新路！

　　除了上課教材貼近產業面外，老師更邀請產業界人士來引述職場實際案例，不論分享開發系統時的甘苦談，或是介紹產界迫切需要的新技

術，都受到學生熱烈回饋反應。

　　此外，歐陽老師也帶學生參加「2022通訊大賽」，提供舞台給學生，除了將所學實踐在比賽中，更提高學生曝光率，希望能與未來公司有更多接觸，增加被業界看見的機會，以後有更好的出路，而這也是歐陽老師最初想帶學生出去比賽的初衷。老師也笑笑地説：「雖然當時沒有在決賽拿到名次，但也有得到獎項和獎金，對學生來說也可以將寶貴的經驗寫進履歷，終究還是一個正面回饋。」而問到比賽中比較印象深刻的事件，老師提到當時他是指導老師兼小隊員，在兩者身分的投入時間還是要作一些取捨；考慮到老師身兼多職，我驚訝地反問老師：「這樣時間分配得過來嗎？」老師也豪爽地立馬回答：「還好啦！就是一起跟學生把課堂教過的應用上去，整體就不會到太過複雜了！」老師的教學理念深深刻劃在他生活的每一處，致力將「學以致用」的精神發揮最

邀請陽明交通大學的蔡作敏教授分享團隊開發雷達系統的甘苦談，獲得學生熱烈迴響。

與學生一同參加競賽
得獎。

極致，也讓學生在他底下學習每一刻，都能收穫到最實用也最適合他們
吸收的知識。

## 擁抱AI時代的思維革新

近年發展迅速的AI人工智慧正掀起一波波的風潮，歐陽老師認為
對於生在這個時代的學生而言，他們要更懂得如何運用AI提高自己的效
率，並利用人類獨有的思考整合能力，結合AI所提供的資訊，將成果更
完好地呈現出來。就如最近歐陽老師就與學生利用ChapGPT激發靈感，
成功利用AI提供的建議解決管路設計問題，且將過程中較複雜繁瑣的數
學問題交給AI處理，最後再整合所有資訊以完整最終解決方式。歐陽老
師持開放態度接受AI，並也鼓勵同學要正確運用，讓人工智慧幫助自己

更上層樓。「真正要面對的問題是，我們是否將AI搜索歸納好的資訊，做知識上的整合，並且善用我們才有的跳躍性思考，將各領域的專業連結起來，找出之間的關聯，並想出最好的解決方案。」

## 珍惜緣分，真誠的學習者、卓越教育家

最後，歐陽老師真誠分享他自己珍藏的一句話。「人非完人，若每個階段都有一位老師可以學習、甚至糾正自己的話，那是一件很幸福的事。」歐陽老師認為每個人都有值得學習的長處，而他也隨時讓自己保持海綿狀態，向身邊所有人學習、吸收知識。「時間有限，每個人一定都會在某個層面相對出色。而我也不想設限自己，在任何領域比我專業的人我都會向他學習。」歐陽老師珍惜與人相識的機會，並從中學習，不錯過任何能夠成長的機會。

除此之外，斯文有禮的歐陽老師與學生互相尊重，除了珍惜與他們相遇的緣份、幫助學生渡過生活與學業上的難關外，歐陽老師更秉持著教學相長的態度，營造互相學習的氛圍，並也很直白地跟學生説：「如果你們有其他領域的背景比我擅長，老師也會跟你們請教意見、聽取建議。」而這個堅持，也成為歐陽老師能在教學場域中成為佼佼者的根本所在。

（文／游采樺）

# 讓學生能實際應用學理知識

## 水海所黃志誠老師專訪

知識是文字構成之後所形成的意義及邏輯次序，要透過這個邏輯次序，來引發或推導更多東西，這才是人類超越科技的價值與精神。

水文與海洋科學研究所（簡稱水海所）的黃志誠老師，體認到工商業在這幾百年來蓬勃發展，進而導致全球氣候變遷愈加劇烈。黃老師表示，海岸是海平面上升與人類陸地環境的銜接處，也因此，海岸的變化是人們不可小覷之處。老師在上課時，除了著重基本海岸科學的知識領域外，也會帶領學生到海岸實地參訪，使得理論與實務得以兼併，且能實際應用。

## 氣候變遷，你我有責

黃老師開設的課程包含「海岸環境變遷」、「全球環境變遷」、「地球水循環」及「海岸工程」等，這些課程都與海岸相關聯，並結合全球的氣候變遷，進行課程設計。黃老師認為，臺灣身處海島國家，再加上臺灣這些年來也不斷地在海岸處有所開發，而海岸位處陸地與海洋的交界之處，將會是全球環境變遷中最劇烈、最敏感的地方。因此，海岸需要更多的研究及學理，透過這些研究，才能做適當的開發，把環境衝擊做到最低。特別是在黃老師的課程中，內容也多與環境影響評估，透過環境監測，並授予學生專業領域知識，使學生在知識之中能夠有更深的印象。

至於通識課「全球環境變遷」課程中，由於這是大班課，擁有來自不同科系的學生，每個人的知識背景不同，也不同於地球科學領域相關系所中的專業課程。不過，對於黃老師而言，最主要的期許跟專業課程一樣，在通識課中，希望能讓各科系的學生知道環境變遷是十分重要的議題，在課程中，學生需要理解海岸環境的變化與未來趨勢，黃老師特別說：「讓學生對於海岸環境有集體意識，使學生可以有效且友善地去愛護這塊土地，是很重要的事情」進而使學生對於聯合國的SDGs目標有一定理解。

黃志誠老師帶領全球環境變遷學生參與海岸治理論壇。

## 實務與理論，相輔相成

在黃老師的課程中，像是「海岸工程」，老師上課除了知識的傳授外，在時間與經費的允許下，會帶領學生到海岸實際參訪。黃老師笑著說：「實際的例子，甚至是參觀與實作，一定會比課堂上的文字傳達來得實在，而且更有印象。」黃老師表示，在課程中，會先讓學生了解海岸區域相關的基礎物理機制，並搭配國內外的實際案例，甚至是實際帶學生到海岸觀察探訪，了解漲退潮會受到什麼樣的波浪衝擊影響，或是讓他們在計算波浪的過程中，能夠知道會受到什麼因素影響，或是具有什麼效益。

黃老師特別舉例來說，在桃園沿海地區有個破損海堤，在「海洋工程」的課程上，要探討破損的海堤該如何達到實際功效，便帶著學生到現場實地探勘，探究海堤致災的原因，並且設計解決方案，同時也要顧

黃志誠老師帶領學生到海岸實地參訪。

及海岸生態環境，導入生態保育及永續環境的觀念。黃老師認為，透過實際帶領學生到實地參訪，並結合知識內容，使學生更能將知識牢記。又或者是，在老師的「地球水循環」課程中，老師也會先提及近岸地區相關的水文物理機制，並分享許多親身經歷，根據學生的反饋，老師也曾在波浪的章節中，展示許多與衝浪、潛水相關的裝備，學生也因此對於實例及知識印象深刻。

特別的是，黃老師搭配「桃園海岸三生與永續發展相關計畫」，並結合社會業師，讓學生在具有知識之下，能夠實際執行，且讓學生學習與社會業師溝通討論，分析彙整業師所提之問題解決能力。以「石滬」為例，石滬之所以會損壞必然有其原因，而學生到現場觀察之後，要能搭配所學知識，並結合業師，思考所有問題。而黃志誠老師在計畫中，也特別希望學生，一來能夠達到學理與實務之間能相互應用，最重要的是培養學生具有社區人文關懷，能夠關心在地，順而將知識反饋於社區

應用。

　　對於黃老師而言，要讓學生對於課程內容有印象，甚至是在畢業數年後，若提起某課程中印象最深刻的環節，絕對會是實地探究的經驗或例子分享，而不是課堂上的公式、符號或數字等。因此，黃老師在課堂上總會搭配自身的經驗，並帶學生到現場了解教科書的內容，達到實務與理論二者並重，以「做中學，學中做」的理念，培養學生發現問題、了解問題、解決問題的能力。也因此，黃老師所開設的課，課程內容與設計，學生多給予良好的反饋，且對於相關的領域與知識懷有一定的熱忱。

## 問題導向，腦力激盪

　　在黃老師的課堂上，總能看到老師在知識的海洋中，不斷拋出許

業師共授，與學生講解許厝港溼地重要性。

多問題讓學生思考，有別於傳統中單向的輸出知識，而是以師生雙向回饋的方式進行課堂教學。黃老師在教學中融入探究式教學法，老師會先講解該具有的學理知識，接著引導學生依據所學的內容可發展出何種問題，繼而讓學生主動理解問題，並進行分析，設計出解決方法，以解決問題。

　　黃老師說：「探究式教學法會協助學生從源頭思考，然後進行反饋，而成一體的脈絡，讓學生有系統地學到這領域中該學的東西。」舉例來說，在老師的「海岸工程」課程中，先假設要蓋一座海堤，而海堤中最重要的則是潮汐。藉此導入潮汐的議題，包含海堤高度、潮汐變化等，讓同學們能夠綜合思考蓋海堤時，所需要考量的各種因素，進而達到讓學生從學理上再到實務上可以綜合的思考，且二者能銜接在一起。因此，在黃老師的課堂內，總能感受到學生不斷的從基本知識導以實際例子，並思考案例中所會遇到的問題，也讓學生知道在這樣的例子內，相關的知識點會有什麼，並結合其他自然科學，達到實際應用的效果。利用這樣的方式，學生都能夠實際動腦思考，也激起學生對於海洋及研究的熱忱。

## 科技輔助，更上層樓

　　在ChatGPT等多項AI程式興起，不斷幫助人類生活向前邁進。黃老師也特別建議學生，在這些資源不斷增加的趨勢下，學生要懂得好好應用，但是在應用時，學生本身也該具備相關且足夠的學理知識。目前這些應用程式中，所呈現的結果多半在文句邏輯上有些錯誤，所以學生在應用時必須要先對於相關內容了解，才能辨識出文句之間差異性，或是答案是否達到問題所要的結果。尤其是當學生在廣泛學習並認知知識後，對於這樣的內容必須要能分辨出來。在部分的專業名詞或知識，黃老師在課堂上提示學生重點，然後講解。舉例而言，什麼是「風浪」？或是什麼是「湧浪」，黃老師在拋出問題給學生之後，會帶著學生一起

黃志誠老師認為學理與實務兼併，可使課堂教學與產業技術接軌。

搜尋網路資源，並且一起看搜尋結果會得到什麼內容，接著讓學生去比較，判斷內容的對錯，而黃老師也會從中補充知識內容，強化學生在知識上的邏輯。

黃老師特別強調：「知識是文字構成之後所形成的意義及邏輯次序，要透過這個邏輯次序，來引發或推導更多東西，這才是人類超越科技的價值與精神。」因此，黃老師認為人類的思考與邏輯，正是人之所以為人所擁有的特殊性，也建議學生該思考如何利用這科技來幫助自己能力提升，而這也正是學習的重點之一。

## 積極進取，師生共進

黃老師強調，學習是要創造知識，解決問題，這是要自己主動發掘、思考才能找出來的，而這個思考與統合的能力，也是每個人都需要繼續精進自己，才能更加進步。也因此，黃老師在教學上，多會引導學生，增進學生思考與邏輯能力，讓學生在思辨與邏輯的部分能夠更加縝

密周全,有解決問題的實力。

　　此外,黃老師也期望學生在學習的過程中,能夠具有一定的企圖心。黃老師說:「懂得利用企圖心,思考自己想要變成怎樣的自己,並在這方面,多花時間增進自己,且一定要有效的應用時間。」也就是說,學生在學習的過程中,能夠知道自己在為了什麼而做,找到目標與動機,去完成自己該做或是想做的事情,能在求學之中找到動力而向前邁進。黃老師也殷切地期盼學生,在學習上能具有企圖心及動機性,學生若能具有知識的動機性,無論如何,都會在課堂中找到知識點努力學習,希望學生不要錯失學習的機會,無論每個學生的背景與能力,在知識的殿堂中都能夠有所收穫。最後,黃老師也期許自己,在教學上可以多多幫助學生、鼓勵學生,在學生的學習道路上能夠點燈、提燈,引導學生汲取知識,與學生一同精進自我,不斷地往知識的殿堂向前闊步而行。

（文／林祥麒）

# 師生共創的語言教×學
## 語言中心劉愛萍老師專訪

就如同希望學生們有貢獻，老師也希望自己能對自己的教／學過程有貢獻，我希望教學的現場跟過程，老師跟學生都能夠激勵自己，「老師跟學生，都是學習者」。

一踏入綜教館二樓的辦公室中，就被劉老師熱情的招呼，而各式各樣學生製作的成品，佔據了老師辦公桌右側大量的空間，在中央大學語言中心任職多年的劉愛萍老師，秉持3C（Collaborative-Critical-Creative）+3R(Reflective-Responsive-Reconstructive）的教學方式督促自己和學生，以師生共創為核心重新定義互助學習。

## 成為不斷成長的老師

在大學求學過程中漸漸發現自己對於英文的熱情的劉老師，在來到中大語言中心之前，曾在多所學校擔任兼任老師，教授英文寫作以及口說等相關課程，老師也提到，自己很幸運的能在語言中心籌備時前來應徵，最後成為了中央大學的專任老師。「如何保有自己對教學的熱情，便是透過不斷的成長與學習，而在大學中教學更沒有設限，更能激勵自己與學生的成長。」

## 學習榜樣，創造課程設計的思考流程

劉老師認為，學生對於敘事力的學習，能從模仿老師開始，因此老師並不是在台上制式化的講授lecture，生硬的照本宣科，而是做一個role model。「我會把我的想法、魅力，以英文敘事來傳達」，讓學生看見語言教學現場老師的的見解、表達、抑揚頓挫，如同演戲一般的將意涵表達出來讓學生學習，才能更加生活化、沉浸式的使學生吸收。

而當我們談到了課程中是否有用上哪些教學法時，劉老師思忖了一會。因為老師認為很難用一個教學法去形容一門課程，舉例像是翻轉教學或可見式思考，在所有的教學設計上都涵蓋著思考，因此不會說特定某個教學方式才叫做思考的教學法，「我比較注重的是，當我要帶這個30分鐘的教學主題時，這時需要什麼樣的材料？找什麼樣的影片跟照片？課程引導時是我先說明還是學生先發想？若要分組，幾人一組才恰

當呢？」劉老師認為一連串反思的「流程」，去設計一門課，才是相比於以教學法去定義，更為合理的。

## 突破寫作框架，提升學習成效

在新制的大一英文課程，是採用聽說讀寫整合並進的教學模式，要如何在16週內完整且有系統地傳授給學生，對老師們是一大挑戰。「我認為寫作練習是非常有邏輯性的，可以看到學生的思考脈絡」，劉老師說道，對於剛升上大學的學生，英文寫作練習難以跳脫高中題綱書寫和兩段式寫法的框架，只在乎是否有切題和字數量，造成普遍學生英文程度雖然很好，卻忽略了英文文章的架構、連貫和標點符號的應用，導致影響到學生的邏輯、句型和前後順序，而無法寫出有架構、合乎邏輯連

傳達老師自身的語言魅力，使學生更加沉浸於課堂中。

貫的essay，因此，老師需要很有耐心的去帶領學生學習。

　　劉老師使用兩種方式幫助學生抓住大方向的寫作問題，其一，批改學生作文時，透過畫記號、提問的方式，這兩三行改成這樣會比較好嗎？為什麼？請學生自己比較，使學生自我思考；其二就是透過Check list的方式勾選學生在這份寫作中幾個最多錯誤的地方有哪些，其中包含架構、連貫、文法觀念等等，而此種方式也能透過線上的方式批改，透過插入註解，一個一個去提點寫作上容易輕意忽略的壞習慣。其三當然就是借重數位寫作工具ChatGPT、QuillBot的幫忙，指引學生如何借力使力練習寫作。然而老師也說到，若以上方法都使用了，學生之後寫出來的文章依然被習慣綁住，錯了一樣的地方，那這樣就該定義為沒有成效嗎？「語言教學的成效，有時要打分數是很殘忍的，對於學生和老師都是一種挫折。」因此，劉老師便設計只要達成什麼目的，有達成寫作的練習，就都能獲取高分，而反之部分練習將會拉大成績差，以此方式去盡量平衡，以評估學生的寫作狀況。

### 遊戲化教學，跨文化溝通擴展國際視野

　　當提到了課程中有沒有特別的教具時，劉老師難掩其興奮且充滿成就感的語氣，說起了在跨文化溝通這門課程中的桌遊。起初是由老師自行設計，做一個大約50格的大富翁海報，上面貼滿了跨文化溝通的議題，讓學生們遊玩並藉此複習整個學期的內容。

　　後來逐漸演變成學生們自行更改規則和題目，去找課堂之外的跨文化議題，以此增進分組討論和溝通效能，而在設計題目的過程中，劉老師使用了Google文件的共編功能，與學生一同在線上確認題目文句的正確度、標點符號、大小寫是否適切，最後協助學生印製出完成品。劉老師強調，「不論組內是否有外籍生，都能起到溝通的作用。跨文化溝通的課堂意義並不局限於一定要使用百分百英文，而在於理解與溝通，只要最後桌遊的呈現是目標語英文，遊玩時也使用英文，而在三週的課

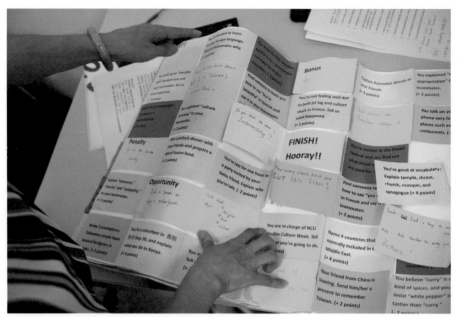

學生透過遊玩大富翁桌遊複習跨文化議題。

堂上完成了這份作品，我覺得整個參與流程和互動／互助學習就足夠了。」而在最後展示時各組輪流遊玩，從遊玩的過程中去發現自己所設計的缺失，進行組內的Revised。在短短的三周hands-on project中，讓學生們完成一個任務，拓展國際觀，增進學生對於跨文化議題的深度，達到遊戲融入教／學的平衡。

## 線上教具增進課程變化，鼓勵學生主動學習

前幾年的疫情對於教學影響甚大，劉老師不禁苦笑著說到當初線上教學的辛苦與挑戰，必須得從頭學起的線上教學工具，例如Google meet, Zoom, Webex等等，「我自己其實是會感到焦慮的，網路不穩定啊、鏡頭阿、有沒有聲音阿，我沒有很有信心。」但也因為經歷過線上

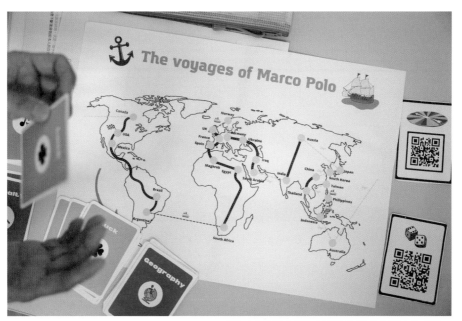

學生自行製作以世界旅遊探討跨文化議題的桌遊。

課程，如今也認識了各式各樣的工具，並能更好的應用到課程中。劉老師提到了Padlet這項軟體，能將學生們回答的結果同時顯示在投影幕上，「題目通常不會是制式的答案，畢竟如果每個人都打得差不多就缺少了即時分享的意義」，劉老師鼓勵學生有什麼想法就上傳，讓其他同學能多看多學。但同樣的，若班級人數眾多，老師就無法及時照顧到每位學生並給予回饋，所以後續只能利用課後一個一個看過，雖然缺少了即時的互動，但至少能讓同學之間自行互相學習，增加實體課程的數位元素。

　　而在採訪當天，劉老師也提到了新學習到的應用軟體Yoodli，是利用AI分析錄音或影片中的發音和文法等等，搭配老師的修正和學生自己的檢查，讓學生做老師做的事情，進一步提升自學能力。「我打算下學年就開始用這個，自己也要先多多嘗試」，劉老師充滿熱忱的說道。

## 輔助者與學習者，師生共創的成長

　　在課堂中老師扮演的角色為何？劉老師溫柔的説：「這大家都聽過吧，Student Centered，以學生為中心的教學，我們不是站在課堂上教lecture，我們是輔助者，facilitator。」因為知道學生的需求是什麼，從學生學習的角度出發，給予少量、明確、且必要的instruction，在學生討論時一旁觀察、走動，而最重要的是坐下來一起討論。

　　老師接著對於學生面對引導式的教學所產生的困境舉出一個例子：在老師發下學習單之前，可能有聽力、影片、閱讀的引導和討論，最後才會進入寫學習單的步驟，但學生常常認為引導是引導，學習單是學習單，他們並沒有將前面的學習連貫過來，一心只想趕快寫完學習單，但老師為何要找這個影片，為何要先讓同學聽這段英文呢？這是我們做為

愛萍老師參與學生討論並給予方向建議。

輔助者這個角色的準備，讓學生能將所學呈現在學習單上。同時，我也希望學生們知道自己的角色，只為了要得到分數的角色定位已不適用，並非大學學習的本質。

「老師跟學生，都是學習者」，劉老師強調「師生共創」，雙方應互相貢獻，學生要帶給這個班級什麼？帶給自己什麼？老師在一堂課中傳授了什麼？短短的一個小時內創造了什麼？劉老師相信彼此給予的反饋，不僅能使學生提升，也能讓老師不斷省思，進一步的成長。

## 自我要求，教學相長

就如同希望學生們有貢獻，老師也希望自己能對自己的教／學過程有貢獻，秉持3C3R的教學方式，這些態度都是劉老師先要求自我，才要求學生的，「我希望教學的現場跟過程，老師跟學生都能夠激勵自己」。從訪談過程中的談吐，就能知曉老師對學生的無比關心，學生給與的回應和老師傳授的用心，彼此互相滋養，期望能將這般正向能量的教／學傳遞下去。

（文／鄭靜）

# 以有限創造無限
## 土木系賴勇安老師專訪

讓學生發揮所學，走入社區幫助居民，實踐社會責任；身為教師最重要的任務就是去引導，在有限的課堂時間內去讓同學理解土木與土木之外的世界。

那是一處坐落於中庭的白色平房研究室，陽光煦暖，清幽而明朗，少了外頭的喧囂。作為徹頭徹尾的文組人，面對即將踏入的未知，不免有些緊張。所幸，前來應門的賴勇安老師臉上盡是親切的微笑，沒有一點兒架子，就像一位大哥哥，領著我一腳踏進土木人的世界。

## 「跨」進土木世界，知「己」的探索

「回到中央大學任教的感覺是位子改變了，從台下聽課的學生，變成台上授課的老師。」賴勇安老師任教的土木工程學系歷史悠久，而老師自己便是中大土木系的系友，他自言回到母校任教這種既陌生又熟悉的心境轉換十分特別。中大畢業後，即進入臺大土木所就讀，成為一名國內少見同時具有土木與結構控制專長的跨領域研究學者。

在自我探索上，賴老師鼓勵學生多去嘗試，善用學校資源，搭配「刪去法」，去了解自己的取向：「我們對外國人學生一直有個迷思，好像人家很早就知道自己想要甚麼，但他們做的只是多方嘗試、提早去認識自己『不想要的』，降低選錯路的機會。其實，只有少部分人非常幸運能在求學階段便知道自己想要甚麼。」他坦言當年就讀二類組選填志願時也面臨和當今學子相似的情況，臺灣以考試為導向的升學制度向來為人詬病，同學們不曉得也沒有足夠時間去了解義務教育基本科目和大學科系的關係、以及大學所學與未來職場之間的連結；不過，此現象在賴老師眼中實為「一體兩面」。儘管進入大學前同學對未來的輪廓仍模糊，但專心培養的基本能力大多已有相當程度，而身為教師，賴老師認為他其中一項重要任務便是讓同學盡可能在大學階段了解到土木系的跨領域且多元的應用發展。

時下熱門的跨領域學習，老師一方面鼓勵，另一方面也提醒「探索」不該是漫無目的的，跨領域應建立在對某個領域有一定專精能力的情況下，再去鑽研其他領域的知識，以免落入梧鼠技窮的困境。以自身求學經驗為例，「土木系本身便是非常跨領域的一門專業，這在大學階

段可能看不出來，但看看土木研究所下分的種類便可感受到。」一般人聞「土木之名」聯想到的大多是造橋、鋪路、蓋房子，但土木學下面便細分了好幾種專業，包含結構、大地、水資、IT、營管和交通等組別。提起交通專業，我不免疑惑，老師笑道：「這是土木人之間流傳的一則玩笑話，如果在路上遇到交通專業相關問題要找『土木人』，不是交通警察！」

## 學習「學習」的能力

　　賴勇安老師在系上主要開授的課程有研究所的「結構控制」、「地震工程」；大學部高年級的「合頂石專題（Capstone）」、必修課程「應用力學」和「材料力學」以及「服務學習課程」。

　　老師除了土木專業外，「結構控制」是他的另一項研究興趣和專長。老師以臺北101大樓那顆名之為「抗風阻尼器」的醒目大球為例，結構控制專家要做的就是設法降低自然災變的影響，如臺灣常見的颱風和地震所造成的「震動」，就是要維持建築結構的安全穩定。中央大學的土木實驗室，如：風洞實驗室和振動台等，都是隨「防風抗震」研究而生的實驗器材。「結構控制」發展始於上世紀的80至90年代，由於所需成本高，在老師求學時期仍多屬於未來科技。不過，伴隨科技發展的日新月異，控制方式改變，過去所認為的不可能在今天也愈容易實現。也是在研究所時期，老師發覺「結構控制」除了傳統土木的理論外，還需要自動化技術，因此寫程式的能力就變得非常重要。

　　老師表示，對土木系同學來說，複雜的程式語言是他們一開始就對寫程式卻步的原因。所以，課程前面會先以堆簡易程式積木的方式融入平時上課所學，最重要的是先去建立編寫程式的「邏輯」，之後由淺入深加入程式語法，同學們接受度也就變高許多。類似的情況，有時候授課內容需要導入「電學基礎」，面對學生的一知半解，賴勇安老師會藉由土木的力學概念去類比說明另一領域的知識，如此同學掌握度提高，

便不再陌生和害怕。老師期望同學一門課上下來能夠同時具備對知識的掌握和技術的運用，最重要的是理解到土木世界的多元寬廣和跨領域的知識應用；在這之中，假如學生體會了這點，學習動機和目標也會自然隨之改變，而非漫無目的的闖。

「我不想讓成績扼殺了同學學習的興趣，所以會去調整成績分配比例，比如加入競賽佔學期分數的比例。」賴勇安老師所教授的土木系高年級的實務課程——「合頂石專題」，有別於以測驗為重的傳統評分方式，老師調整了競賽和傳統書面報告在課程的成績占比，強調做中學（learning-by-doing）精神，以實作去驗證所學知識並應用，故賴勇安老師將之設計為高競賽性質的——「抗風與抗震盃」。「勇於挑戰『遊走在規則極限邊緣』，同學總能合作激發出讓我們意想不到的創意！」談話中，我看見賴勇安老師眼睛中閃動出對同學以「有限」創造「無限」的驕傲與欣喜。

賴勇安老師亦為土木系服務學習課程的負責老師之一，「如何蓋出一棟安全穩固又經濟實惠的房子？」土木人往往具備了對生活周遭敏銳的觀察，包含對建築體的穩固性、災變事件對結構的影響。以土木工程的英文：Civil Engineering，解讀會發現有人民、文明之意，和我們的生活息息相關。因此，讓學生發揮所學，走入社區幫助居民，實踐社會責任；與桃園青年事務局合作之「防汛青年創作競賽」就是在秉持此理念下的一項計畫。藉由拍攝短影片：居民訪談、清溝、觀察建物等，找出有哪些要調整的地方，去紀錄生活中的細節。

學校裡，老師是問題的提供者，學生是解決者，老師通過課程考試去引導學生思考；但出了課堂進入職場，如何解決問題都是需要學習的，遑論問題百百種。「大學不是職業訓練所，我們不可能在課堂上學完一間公司所有的Knowhow，如果是，我想這間公司應該很快會被取代。」因此，賴老師更強調在大學階段，同學最需帶走的能力是「學習的能力」，在教學現場他也盡力培養學生學習「學習的能力」。提及教學方法，老師表示他並無特別去研究，但土木工程是一門「問題導向」

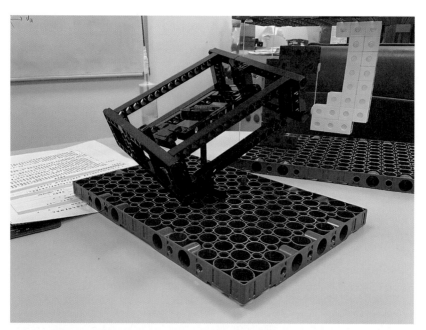

（圖一）應用力學課上可任意方向轉動的「萬向接頭」模型。

（圖二）不見支撐物，使用簡單積木和棉線建構的「懸浮模型」，藉由簡單的靜力與靜彎矩平衡配置完成，老師笑說這一塊模型、一條線都不能少，否則會塌下來。

（圖三）賴勇安老師用「鐘擺結構」模型說明力學振動能量轉移原理。

的學問；換句話說，便是「發現問題」、「解決問題」，而教學應該是以學生為出發點，從中不斷去精進和修正。

「在國外，有些科系會特別讓資深老師來教授基礎課程，認為這樣打基礎會打得更扎實。但是在中大土木就比較沒有這樣的作法，所以我也非常感謝前輩老師對我的信任和提點。」回至中大任教四年，賴勇安教授土木系傳統必修課──力學，也三年了，一直以來他都把「備課」視為整個教學中除了上課以外最重要的環節，「如果今天要講一小時的課，那準備的時間就是至少一小時以上，以此類推，備課和教課要有相等的份量。」在製作簡報的過程中，老師有時候還會自己動手用電腦繪圖，甚至是自製教具。樸素的研究室內，一開始我最感興趣的就是各種置於檯面上、書桌上、櫃子上的「力學模型」。從應用力學課程裡長得神似樂高的「萬向接頭」如（圖一）、「鐘擺結構」（圖二）和「懸浮模型」（圖三），到以針筒做成的「液壓阻尼器」（如圖四），老師毫

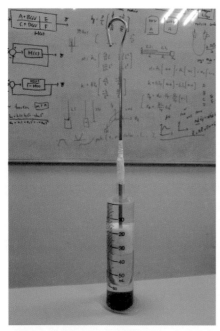

（圖四）狀似針筒的「液壓阻尼器」用於示範如何消散振動能量的。

賴勇安老師汲取過往求學經驗，使用教具使抽象理論更易理解。

不藏私，非常大方地將每個教具一一拿過來和我介紹。

　　這些教具的使用源自老師當年求學階段，有感於學習力學理論時與在親自接觸到教具後，原先的抽象概念變得可看、可摸、可動而更易懂，故而將自身這些學習經驗帶入課堂，以幫助學生理解深澀的理論內容。

　　「透過問答最能知道同學學習情況，雖然他們也不是很喜歡被cue到。」老師苦笑，但「互動」是維持學生的學習興趣的重點，這包含了同學對老師的看得見與看不見的回饋。除了課堂問答，賴老師會在課堂剛開始時快速複習前一堂課的內容，幫助學生回憶、再次熟悉外，更加強了課程之間的連貫性。

## 追求一個更好「生活」的信心、期待和依據

在有限的時間裡，面對提問，賴勇安老師非常認真，看著他桌面另一端訪談提問單上那密密麻麻的筆記，我便知道老師今天也「備課」了。根據老師的觀察，學生經常困於不曉得所學和所用之間的連結，而身為教師最重要的任務就是去引導，在有限的課堂時間內去讓同學理解土木與土木之外的世界。世界之寬廣，亟待被發現和創造，老師對未來世界始終抱持著信心與期待。綜觀人類歷史，科技發展是不斷進步的，從人力、獸力到機械，他認為自動化是未來科技的一種趨勢，「我衷心希望現在所做的一切，能夠使未來的人類不再需要為了『生存』而勞碌，實踐不單是為了生存，而是一個更好的『生活』。」土木，以「人」為本。這是賴勇安老師作為土木人初衷。

（文／林依潔）

# 編後記

李瑞騰　國立中央大學中文系教授兼人文藝術中心主任
　　　　中大出版中心總編輯

「輪」著地而滾動，產生動力而前進。這是人類文明進展的飛躍式創造，突破了肉身雙足行走之局限。它由軸、轂、輻、圈組成，承載著車箱（車體），成為運輸的工具。

以人體為喻，軸即心，轂為房為室，輻如連接各器官的動脈，圈乃肉身框架。以喻教學，可稱教輪。我們轉動這輪，「輪運而輻集」（柳宗元語），使之加速前進，教學可相長，期受教者順利抵達每一學習階段的終點，其過程漫長而複雜，關鍵乃在於轉輪者（駕車者）的技術和經驗。這裡我們提出「滾動調整（或修正）」，此即凡計畫之執行，主體要堅定信念，因客觀環境迭有變化，必須沉穩應變，妥適調整方向或速度，務求圓滿。

「教」這一件事情太重要，從個人、家庭、社群到國家民族，是一切價值的核心，因為其中有傳承的問題，不論是小我的成龍成鳳的期待，或是大我的文化之薪傳創造，不管任何學習階段，都是教務之要。

大學是高等教育，為國家培育社會需要的各領域人才，其分院分系有知識分類作為基礎，但實際上又有跨領域之必要，其中的研究所造就碩博士，更是精英教育，惟學生皆已成年，知識傳播和師生相對待的方式，相關教務以及人事的實際運作，和十二年義務教育階段應有大不同。

　　大學必須重視教學，用健全之制度，年復一年的拔尖，確有其必要，但中大要擴大其效應，不只是發獎金，2017年起便規劃傑出與優良教師群像專書之編印，已經出版六本，今年亦即將付梓，書以「轉動教學之輪」命名，而且邀請網學所和學習所二位教授（施如齡、詹明峰）合寫〈信仰思考，相信潛能〉長文以為本書前言，他們是在讀過各篇之後，從教學理論和實際的面向思考中大教務上的要務，相信可以提供全校教師參考，進而在全校整體教學上朝更優質的方向邁進。

　　謝謝教務處中大出版中心和教學發展中心、康珮老師和撰稿團隊，以及所有接受採訪的得獎人，讓我們持續努力經營這個關乎教學的平台。

國家圖書館出版品預行編目(CIP)資料

轉動教學之輪：2023中央大學傑出與優良教師群
像/李瑞騰, 康珮主編. -- 初版. -- 桃園市：
國立中央大學, 2023.12
面；　公分
ISBN 978-626-98094-1-7 (平裝)

1.CST: 高等教育 2.CST: 教學法 3.CST: 文集

525.03　　　　　　　　　　　　　　112020726

# 轉動教學之輪
## 2023中央大學傑出與優良教師群像

發行人　　　周景揚
出版者　　　國立中央大學
活動主辦　　教務處
編印　　　　中大出版中心
地址　　　　桃園市中壢區中大路300號
電話　　　　(03) 4227151 ＃ 57103
網址　　　　http://ncupress.ncu.edu.tw
E-mail　　　ncupress@ncu.edu.tw


編輯指導　　王文俊・王俐容
主編　　　　李瑞騰・康　珮
執行編輯　　王怡靜
助理編輯　　汪昱秀・林依潔・吳昀臻
　　　　　　林祥麒・游采樺・鄭　靜
設計　　　　不倒翁視覺創意
印刷　　　　松霖彩色印刷事業有限公司


出版日期　　2023年12月　初版一刷
定價　　　　新台幣320元整
ISBN　　　　978-626-98094-1-7
GPN　　　　1011201816